LES ROMANS D'AMOUR

SÉRIE A CINQUANTE CENTIMES

LE

CARNET D'UN LIBERTIN

Par ARMAND DURANTIN

GRAVURES D'APRÈS GERLIER

EDITION DE LUXE

A. DEGORCE-CADOT, ÉDITEUR

9, RUE DE VERNEUIL, A PARIS

ET CHEZ TOUS LES LIBRAIRES ET MARCHANDS DE JOURNAUX

LE CARNET D'UN LIBERTIN

PAR

ARMAND DURANTIN

A DEGORCE-CADOT
LIBRAIRE ÉDITEUR 9. RUE DE VERNEUIL
PARIS.

LIVRAISONS A **10** centimes.   SÉRIES A **50** centimes.

Chez tous les Libraires et Marchands de Journaux.

ŒUVRES

DU MÊME AUTEUR

En vente Librairie DEGORGE-CADOT.

L'Excommunié, avec gravures. 1 50

Un Jésuite de robe courte. 1 50

Le Dompteur de la Mort. 1 50

Les Trois Suicides 1 50

AVANT-SCÈNE

L'année 1878 a vu disparaître sous la pioche du démolisseur l'une des exhibitions les plus étranges et les plus instructives de l'École de médecine, — le *Musée Dupuytren*.

Où sont, à cette heure, les monstruosités scientifiques que ce riche muséum semblait n'étaler qu'à regret devant la curiosité publique ? je l'ignore ; mais j'ai la conviction que quand l'Académie de médecine, agrandie, restaurée et embellie, ouvrira ses nouvelles salles, nous y retrouverons la splendide collection Dupuytren offerte aux savants comme moyen d'études, aux philosophes pour méditer sur cet effroyable enseignement, à l'homme du monde et à l'ouvrier qu'on y voit trop rarement, comme un avertissement salutaire, une menace et une sinistre prophétie.

L'accès de ce spectacle aux figures de cire était interdit aux femmes par l'administration, c'était plus qu'une erreur, c'était une faute.

La société, au contraire, a le plus puissant intérêt à faire toucher des yeux aux femmes les ravages d'un fléau qui les frappe aussi souvent et aussi mortellement que l'homme, et qui les atteint dans leur beauté, dans leur existence et jusque dans leurs enfants.

Je voudrais que les figures photographiées de ce musée fussent affichées, par ordre de la police, dans l'antichambre de toute femme galante et des maisons de tolérance.

Le jeune homme verrait, dès son entrée dans le lupanar, ce qui aujourd'hui ou demain l'atteindra s'il reste ; il saurait, en mettant habit bas, ce qui lui pend au nez.

Le Carnet d'un libertin, c'est un *musée Dupuytren*, c'est une collection Talrich imprimés au lieu d'être en cire.

Le musée expose dans ses vitrines l'innombrable et hideux cortège de Vénus impudique, depuis la gonorrhée biblique jusqu'au *mal des ardens* comme cela se nommait au moyen âge, jusqu'à la syphilis comme on dit de nos jours ; épouvantable maladie qui dévore nos générations modernes comme autrefois elle a rongé avec ses ulcères Job sur son fumier, comme autrefois aussi elle a ruiné la raison de Nabuchodonosor, le premier gâteux dont parle l'histoire, et le plus ancien gommeux royal.

Le Carnet d'un libertin met en action les figurines du musée; comme elles il montre à la jeunesse les abîmes où conduit le libertinage. Musée et carnet sont deux peintures ayant un même objectif, l'horreur de la débauche, de cette débauche si séduisante qui entr'ouvre d'une main mystérieuse le voile derrière lequel nous appellent, dans les attitudes les plus lascives, ces ardentes voluptés qui tuent la santé, qui éteignent la raison.

Dans les œuvres dramatiques du moyen âge, le poète faisait intervenir au dénouement un sombre personnage, — la Mort; — la débauche convie à ses dénouements un acteur bien autrement sinistre que celui de la danse macabre, c'est, — *la maladie sans nom*, — qui présente au jeune homme comme au vieillard, la carte à payer.

Boursonne, 1870.

ARMAND DURANTIN.

LE CARNET
D'UN LIBERTIN

NOTES DU CARNET

Milan, 3 mars.

Je l'ai rencontrée hier pour la première fois.

Elle est merveilleusement belle!

Je la désire; je la veux; je l'aurai! A tout prix!

Au prix de ma fortune, au prix de ma vie, au prix de mon âme!

CARNET

Milan, 4 mars.

Enfin je sais son nom. Quand elle est sortie ce matin de l'église, sa mère l'a appelée Francesca.

Joli nom. Je fais le serment qu'un jour j'aurai le droit de lui redire ce nom, mes lèvres sur ses lèvres.

Au sortir de la messe, la mère et la fille sont entrées chez une amie.

Elles ont dû y dîner; car j'ai fait une longue faction, je ne sais combien d'heures au coin de la rue, la tête sous la pluie et le nez au vent comme un bon chien d'arrêt.

Le rôle d'amoureux est ravissant, mais seulement sur l'oreiller.

Où demeure ma belle Francesca? Demain, je le saurai.

CARNET

Milan, 5 mars.

Francesca et sa mère... une gêneuse... habitent à l'extrémité de l'un des faubourgs de Milan, via San Pietro, dans une maisonnette isolée, presque en pleine campagne.

Ne pas oublier de faire confectionner, par le premier pharmacien venu, deux ou trois boulettes de viande légèrement assaisonnées de strychine, pour n'être plus exposé à rencontrer l'énorme molosse qui m'a montré des crocs si respectables. Il doit aimer la chair fraîche, il me l'a prouvé; profitons de cette disposition à la gourmandise.

Dors en paix, mon bon Toutou, *in sæcula sæculorum*.

CARNET

Milan, 7 mars.

Je ne m'étais pas trompé.

Ma belle inconnue se nomme en effet Francesca et elle vit seule avec sa mère, la signora Batista Néri-Doni, — un nom qui sent son origine patricienne; car les Néri-Doni ont fait grande figure en Italie au temps du vieux Dante.

La signora Batista est la veuve d'un patriote milanais mort pour la défense et l'affranchissement de son pays en combattant les Autrichiens.

Francesca vient d'entendre sonner ses dix-sept printemps.

Il n'est pas d'âge plus propice pour se laisser aimer et pour aimer.

Les joues de ma divine Italienne portent encore ce doux satiné, cet adorable velouté qu'une bouche sensuelle savoure seulement sur la pêche et sur le visage de certaines vierges.

Quel corps splendide doit servir de piédestal à cette admirable tête!

Quand donc ces merveilles me seront-elles livrées?

Voilà déjà quatre jours que je désire cette femme!...

CARNET

Milan, 8 mars.

Francesca n'a jamais quitté sa mère; elle a passé son enfance sous les regards vigilants de cette respectable matrone, loin des couvents où les petites Italiennes font le précoce apprentissage du mystérieux péché.

Parisiens! mes bons amis du boulevard et du cercle, tenez-vous les côtes et riez de moi... avec moi!

En vérité, en vérité je vous le dis, je me rends chaque matin dévotement à la chapelle où je sais rencontrer ma ravissante madone, et là, j'entends béatement la messe avec un air de cornichon confit qui rendrait jaloux maître Tartufe lui-même.

Ce gaillard de Henri IV a dit un jour devant tout son peuple : Paris vaut bien une messe; puis un soir, il a murmuré à l'oreille d'une luthérienne récalcitrante : une belle fille vaut bien un prêche.

Per Baccho! comme on dit ici, ce vert galant avait raison.

Au sortir des offices, j'offre à ces dames l'eau consacrée; un marguillier convaincu ne jouerait pas cette petite scène plus naturellement. Je prends alors des airs de grenouille de bénitier à damner mon ange gardien.

Au contact de mes doigts, le visage de mon adorable Milanaise s'empourpre; devinerait-elle les griffes de Satan sous mes ongles?

Ce matin elle a levé sur moi ses deux grands yeux noirs pleins de flamme et abrités sous de longues paupières remplies de promesses ardentes.

Au lieu de répondre à ce regard passablement inquisitorial, j'ai timidement voilé ma prunelle comme pourrait le faire un séminariste en présence de son évêque, quand bien même se déroulerait devant ses convoitises la ronde infernale des nonnes impudiques de *Robert-le-Diable*.

Décidément cette fille est un prodige de beauté.

Le bruit public tambourine qu'elle est encore plus chaste que belle; mais j'en ai réduit d'aussi vertueuses.

Le jeu n'en sera que plus piquant. A l'œuvre!

Francesca Néri-Doni à la signora Flavia Mariani, à Florence.

Milan, 10 mars.

Chère cousine,

Depuis notre plus tendre enfance, nous avons été habituées à ne rien nous cacher de nos actions et de nos plus intimes pensées. Nous avons longtemps vécu sous le même toit, et ton mariage a pu seul nous séparer l'année dernière.

Ton mari t'a conduite à Florence, et moi je suis restée à Milan avec ma mère. Je ne suis pas assez égoïste pour regretter notre ancienne existence puisque tu m'écris que Dieu t'a fait la grâce de te donner le meilleur des hommes pour époux; mais je veux continuer de causer avec toi comme par le passé.

Ne pouvant plus bavarder bouche à bouche, nous avons pris l'excellente habitude de confier au papier tous les accidents de notre vie si calme jusqu'à ce jour. Tu m'as raconté tous tes petits tracas de ménage, tes jalousies insensées, celles non moins folles de ton tyran, ce qui m'a beaucoup amusée.

Je n'avais qu'un chagrin, un gros, c'était de n'avoir aucun événement à te raconter; rien ne ridait la surface toujours calme, toujours unie de ma vie; personne ne s'avisait de jeter une petite pierre dans les eaux de mon lac limpide pour y produire la plus légère agitation que je pusse te narrer. Eh bien, ma chère, pour la première fois, je crois, comme disent les gens de mer, qu'il va y avoir *un grain*. Ecoute:

Tu es mariée, tu as deux ans de plus que moi, tu dois avoir acquis une expérience des choses de la vie qui me manque tout à fait, je le sens; prête donc l'attention la plus minutieuse à ma confession.

Tout d'abord je dois t'avouer que je suis mécontente de ma petite personne.

Tu te rappelles quelle enfant rieuse et insouciante j'étais autrefois? Il n'en est plus de même aujourd'hui. Sans motifs, sans raisons, je me laisse envahir par une vague rêverie, une mélancolie, une tristesse, que je ne saurais définir ni secouer. Il me prend subitement des envies de pleurer ou de rire, et je me sens devenir impatiente et maussade, sans sujet de l'être.

C'est probablement par suite de cette méchante disposition de mon esprit que ces derniers jours, j'ai fait acte de suprême injustice vis-à-vis d'un jeune étranger.

Depuis peu, le hasard l'avait placé sur ma route à différentes reprises. Je ne saurais dire pourquoi ce monsieur me déplaisait, malgré sa rare distinction; mais enfin il me déplaisait fort.

Je trouvais qu'il m'examinait trop, et trop souvent, il semblait me passer en revue, et ses regards, bien que fort respectueux, me troublaient parfois plus que je ne saurais le dire.

Il se permettait de nous suivre, d'un peu loin à la vérité; puis, au sortir de l'église, nous le trouvions auprès de la porte pour nous offrir l'eau bénite, à notre très grand mécontentement.

Après tout, peut-être, est-ce un des usages de son pays, une politesse de sa part vis-à-vis de nous; on doit se montrer indulgent pour les étrangers.

Nous autres Italiennes, tu le sais, cousine, nous sommes nées superstitieuses comme nos sœurs d'Espagne, et, malgré mes plus beaux raisonnements, il me semblait que cet homme exercerait sur ma vie une influence fatale.

Aujourd'hui, toutes mes préventions contre l'étranger se sont évanouies; voici comment:

Tu te rappelles que, depuis la mort de mon père et de mes frères, nous nous rendons exactement chaque dimanche au cimetière pour déposer sur la tombe de nos chers martyrs des couronnes de fleurs tressées par nos mains, et pour leur adresser nos plus ardentes prières?

Tout auprès de nos chers regrettés se trouvent quelques sépultures françaises, des officiers, des soldats morts des suites de leurs blessures après avoir combattu sur les mêmes champs de bataille que nous pour l'affranchissement de notre patrie!

Je ne passe jamais devant ces nobles victimes, sans les saluer de la tête et du cœur. Ces braves enfants de la France ont donné leur sang, comme mon père, comme mes frères, pour la délivrance de l'Italie, aussi j'aime la France presque à l'égal de mon pays.

Juge de mon émotion, de celle de ma mère, lorsque en traversant, hier dimanche, une des allées du cimetière, nous avons aperçu pieusement agenouillé, le jeune homme pour qui j'éprouvais la plus sotte antipathie.

Sa prière était si fervente, il paraissait tellement absorbé par ses pensées qu'il ne nous a pas entendues passer. Il ne s'est pas même aperçu que nous allions prier à quelques pas de lui.

Comme nous nous relevions, la signora Faresi est venue à nous, et ma mère lui a demandé si elle connaissait l'étranger qui pleurait silencieusement sur ces tombes.

Tu n'as pu oublier que la signora Faresi peut passer, à juste titre, pour la gazette de Milan, c'est un vrai colporteur de potins, aussi s'empressa-t-elle de répondre ceci à ma mère:

— Assurément, oui, je sais quel est ce jeune homme; c'est un Français, un noble vendéen, le vicomte Robert d'Olonne. Son père voulait le forcer de s'enrôler parmi les zouaves pontificaux comme ont fait beaucoup de ses compatriotes; mais le jeune garçon paraît avoir plus de vocation pour le plaisir que pour la guerre. De là, mécontentement du père et départ du fils. Il est depuis deux mois à Milan et, grâce à son nom, à la fortune considérable dont il a hérité après la mort de sa mère, il est reçu dans nos meilleurs salons. Il vient sans doute prier sur la tombe d'un ami ou d'un parent.

Ici, la bonne dame qui avait parlé assez haut et avec la volubilité que tu connais, changea tout à coup de diapason et, m'ayant regardée en dessous, elle ajouta : *sotto voce :*

— Il mène, prétend la chronique scandaleuse, une existence fort licencieuse. Il entretient publiquement une fille de son pays, une comédienne, la belle Césarine, ce qui ne le gêne

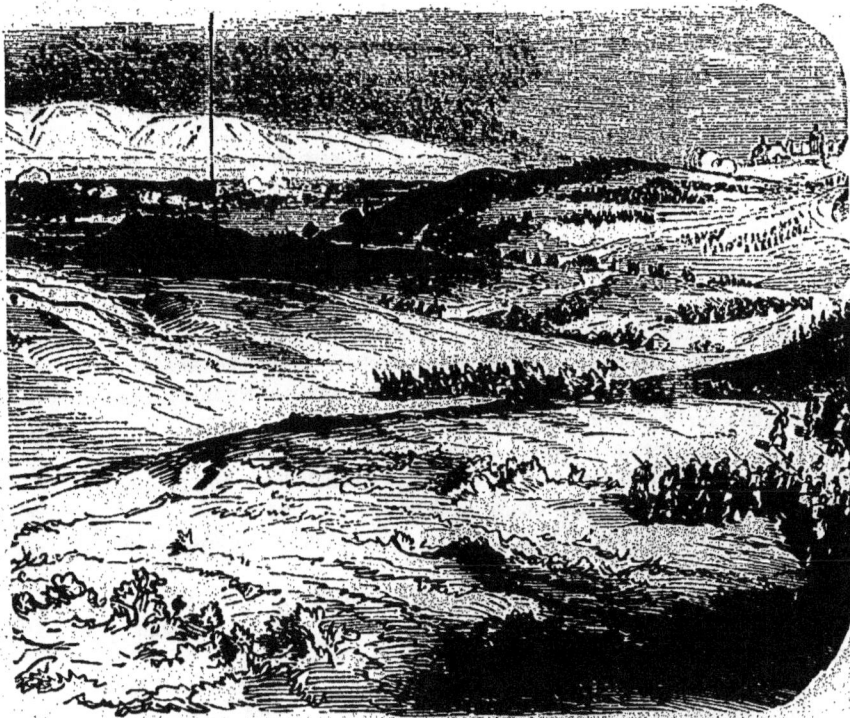

Le corps dans lequel servaient nos trois chers absents avait donné. (Page 12.)

guère pour mener de front vingt intrigues amoureuses dans la ville. En un mot, c'est un franc libertin !

Et notre voisine est partie comme une flèche sur ce trait final.

Un franc libertin ! Qu'est-ce qu'un libertin?... Que m'importe?...

Des intrigues... une fille... une comédienne... eh bien, qu'est-ce que tout cela peut me faire? En quoi cela pourrait-il me toucher? En rien certainement.

Alors, pourquoi mon cœur s'est-il serré à cette révélation? Pourquoi ai-je eu quelque peine à retenir des larmes?

Pourquoi tant de trouble dans mon esprit?... Je te le disais bien, un rien m'émeut, un rien m'impressionne; je ne me comprends plus.

Chassons ces commérages de ma pensée; ne me rappelons de cette conversation qu'un mot, c'est que cet étranger est Français. Ajoutons à ce titre qu'il est religieux, qu'il a perdu un ami ou un parent mort pour notre pays, et qu'il est digne de nos sympathies.

Comment, nous autres Italiennes, pourrions-nous jamais oublier, sans devenir un objet de mépris pour le monde entier, que la France a payé de son or, payé de son sang notre liberté?

Quant à moi, le nom seul de cette généreuse nation fait battre mon cœur. Tu le sais, quand un jour, jour néfaste, elle a eu besoin du secours des autres comme tant d'autres avaient eu besoin de son secours, ne pouvant l'aider de nos bras, de nos armes, nous lui avons envoyé nos bijoux. Nous ne possédions que cela. Mon père a dû en tressaillir de joie dans sa tombe. Pauvre père! comme il aimait la France!

Tu n'as jamais osé nous demander comment avait péri mon père; quand il partit comme volontaire, ta mère n'habitait pas l'Italie, et les événements qui se sont passés dans notre maison à cette époque n'ont guère été connus d'elle. Je vais te les raconter.

Un soir mon père rentra sombre et désolé, il tomba accablé sur une chaise, des larmes inondaient son visage.

Ma mère se jeta à son cou; mes trois frères, comprenant qu'un événement grave s'était passé, se groupèrent silencieusement autour des vieux parents.

Mon père leur apprit alors que la guerre venait d'éclater et qu'une armée autrichienne marchait contre nous. Cent cinquante mille Autrichiens avaient envahi le territoire sarde et s'avançaient sur Turin. On était alors au mois d'avril 1859.

Dans sa jeunesse, mon père avait servi; il s'était enrôlé volontairement à l'appel du magnanime roi Charles-Albert; il avait reçu deux blessures à la bataille de Novare et n'était rentré dans ses foyers qu'après la paix signée et l'abdication de notre malheureux prince.

Alors mon père s'était marié, puis il avait créé une modeste maison d'orfèvrerie afin de pouvoir élever sa famille.

Les mots magiques de patrie, de liberté, d'affranchissement de l'Italie ne venaient pas de retentir en vain aux oreilles de mon père; il annonça à sa femme et à ses enfants qu'il allait les quitter et rejoindre son ancien régiment.

Ma mère garda le silence, seulement ses larmes coulèrent davantage. Mon frère aîné prit aussitôt la parole et il dit simplement:

— Mon père, vous avez raison, nous devons notre sang à notre pays; mais ceci ne regarde que les jeunes hommes et non les vieillards. Votre existence est indispensable pour conduire notre maison de commerce et pour faire vivre notre mère et notre jeune sœur. Restez, je partirai. Vous êtes vaillant de cœur, mais faible de santé; j'ai dix-neuf ans, je suis fort; c'est à moi de vous remplacer.

Mon père regarda son fils aîné avec émotion; il lui serra la main, et répondit.

— Tu partiras demain.

Mon second frère s'avança sur-le-champ.

— Mon père, fit-il, permettez que j'accompagne Tiburcio. J'ai dix-huit ans, je suis presque aussi robuste que lui et je ne serais pas digne d'être le fils d'un brave soldat comme vous si je m'abritais derrière mon âge pour éviter le danger.

Notre père, ému encore, détourna la tête pour cacher une larme, puis, après un instant de silence, il répondit:

— Tu partiras avec Tiburcio.

Il y avait là, à leurs côtés, le plus jeune de mes frères. C'était un *bambino* que, dans le voisinage, on appelait amicalement le petit Peblo. Il venait d'entrer dans sa quinzième année; il avait encore le visage d'une jeune fille et le corps d'un enfant.

Il redressa sa petite taille avec tant de fierté que mon père eut un triste sourire; il s'avança résolument et s'écria d'une voix ferme qui surprit tout le monde :

— Mon père, ce n'est pas trop de vos trois fils pour remplacer un soldat tel que vous. Ma main est faible; mais mon cœur sera ferme et sans peur devant l'ennemi, faites-moi la grâce de me laisser suivre mes aînés et vous n'aurez pas à rougir de votre petit Peblo.

Le père attira le frêle enfant sur sa poitrine et le serra longtemps dans ses bras pendant que ma mère attendait avec anxiété sa décision.

Enfin mon père prit sa résolution et il répondit à l'enfant d'une voix altérée par l'émotion :

— Tu partiras avec tes frères.

A la suite de cette scène, il fut convenu que le chef de famille resterait et que mes frères s'engageraient comme volontaires.

Le lendemain, ils se présentaient devant l'autorité et ils entraient tous les trois dans le même régiment.

Deux jours plus tard, ils nous quittaient pour rejoindre leur corps.

Ma mère cachait ses larmes; mon père affectait un calme et une satisfaction qui étaient loin de son esprit.

A cette époque l'Italie était consternée. Elle se rappelait l'héroïque mais désastreuse tentative du valeureux roi Charles-Albert; elle comprenait qu'isolée, elle devait infailliblement succomber. Chacun savait qu'il y avait eu témérité, folie même à oser dire : *Italia farà da sè*, en face de l'Autriche et de son armée qui égalait la nôtre en bravoure.

De nouvelles ruines semblaient inévitables.

Tout à coup un bruit vole des Alpes à l'Adriatique, rapide comme l'étincelle électrique : La France vole à notre secours!

Qui n'a pas vu l'Italie à cette heure suprême ne saurait se rendre compte de la joie, du délire de nos populations à cette nouvelle. Dans les rues, sur les places, on s'abordait sans se connaître, on se serrait la main sans s'être jamais vu, et l'on se communiquait — *la bonne nouvelle*.

On s'embrassait, on était ivre d'enthousiasme et d'espérance; la patrie allait pouvoir enfin, grâce au puissant et chevaleresque empereur des Français, secouer le joug de l'étranger.

Cent vingt mille hommes sous les ordres du maréchal Canrobert, une des gloires les plus pures et les plus héroïques de l'armée française, traversaient les Alpes pour venir à notre secours.

Une immense acclamation s'éleva de toutes les villes, de toutes les campagnes de l'Italie : Vive la France ! Vive Napoléon III !

Mon père était radieux. Ce fut alors qu'il dit à ma mère : Si jamais un Français a besoin de nous, ma maison sera sa maison, mon argent le sien, mon sang coulera pour lui.

Voilà, chère mignonne, le secret de ma vive sympathie pour cette généreuse France.

Chaque semaine, nous recevions des lettres de mes frères. Un matin, le bruit de la victoire de Palestro se répandit, et notre inquiétude ne fut pas moins grande que notre joie. Le corps dans lequel servaient nos trois chers absents avait donné, et les jours se passaient sans que nous eussions de leurs nouvelles.

Enfin une lettre arriva de l'armée; pour la première fois elle ne portait qu'une seule signature, celle de Peblo.

Le pauvre enfant nous annonçait que ses deux aînés, après des prodiges de valeur, étaient tombés en héros sur le champ de bataille.

Mon père lut toute cette lettre, quand il l'eut terminée, il la baisa pieusement, se découvrit, et murmura d'une voix tremblante :

— Vive l'Italie !

Puis il se leva en chancelant, embrassa ma mère qui sanglotait et sortit en s'efforçant de maîtriser son émotion.

Le lendemain de ce jour fatal, mon père avait vieilli de dix ans en vingt-quatre heures; ses cheveux, à peine grisonnants la veille, avaient complètement blanchi; mais on n'aurait pu surprendre aucune trace de défaillance sur sa figure.

Quelques semaines s'écoulèrent pendant lesquelles les lettres de Peblo se succédèrent aussi régulièrement que possible.

Tout à coup cette douce correspondance cessa; l'enfant était allé rejoindre ses frères; mais la France et l'Italie avaient triomphé à Magenta.

Cette fois, pas une larme ne coula des yeux de mon père; il dit seulement à ma mère :

— Je les vengerai !

Le soir même, il partait sans que ma mère essayât de l'arrêter ; elle savait que tous ses efforts seraient inutiles.

La victoire de Solférino a délivré l'Italie de l'étranger; elle a confié la couronne du nouveau royaume italien à la royale maison de Savoie si justement populaire parmi nous et si dévouée à ses sujets; mais hélas ! cette même victoire a fait de ma mère une veuve, et de moi, alors au berceau, une orpheline.

Ma mère a vendu son fonds de commerce qu'elle ne pouvait tenir; elle a acheté la maisonnette où nous habitons, et nous vivons modestement de notre modique patrimoine; mais l'Italie est libre.

Ne t'étonne donc pas de mes sympathies pour les fils de la France.

Un revirement subit s'est opéré dans mon esprit à l'égard de l'étranger qui m'inspirait une absurde répulsion.

Une seule chose me choque encore. Pourquoi notre méchante voisine a-t-elle dit qu'il était libertin et qu'il avait des intrigues, des maîtresses?

Est-ce que ceci regarde cette vieille vipère?

Et moi, pourquoi me préoccuper de ces nouvelles, probablement fausses ou tout au moins amplifiées?

Écris-moi.

Les jolis bengalis que tu m'as envoyés pendant les fêtes dernières chantent à ravir les saints du paradis. Je ne laisse à personne le soin de leur donner à manger et de renouveler leur eau fraîche deux fois par jour. Je les aime un peu pour leur gentillesse, et beaucoup parce qu'ils me viennent de toi.

Ta FRANCESCA.

CARNET

Milan, 15 mars.

Que la peste, le choléra, le vomito negro, la variole et le typhus s'acharnent après cette carogne qui a nom Césarine !

Jalouse !... Elle est jalouse !... Et de moi !... Elle !... Elle !... A tous les diables les catins !

Elle osait me faire espionner quand j'allais soupirer comme Lindor sous les fenêtres de ma Rosine.

Il ne m'a pas été possible de rencontrer Francesca depuis la comédie du cimetière.

Quelle délicieuse blague !

Comme je riais dans ma barbe en apercevant à la dérobée, son regard me suivre avec intérêt pendant que je paraissais absorbé dans mes prières sur la tombe de quelque affreux soudard.

Hier, n'ayant pu seulement entrevoir le pied mignon de ma jolie Cendrillon, je me sentais d'une humeur massacrante, lorsque cette infernale Césarine s'avise de poser devant moi en madame Otello.

Une fille que je paye !

C'était le comble de l'impudence !

Je venais de descendre de cheval. Une demi-douzaine de coups de cravache !...

C'est extraordinaire comme la cravache calme les nerfs des femmes ; mille fois mieux et plus vite que la fleur d'oranger.

Connaissant le caractère sauvage et indomptable de Césarine, je m'attendais à la voir me sauter au visage ; elle n'a pas bronché.

Seulement, ce qu'elle m'a laissé lire de haine dans ses yeux étincelants !... Si j'étais homme à trembler, j'aurai peur... Peur de quoi ?...

Je devrais donner congé à cette drôlesse... et j'hésite.

Ah ! les vieilles maîtresses !... Elles sont comme nos vieilles pipes ; plus elles sont culottées, plus on y tient.

———

Césarine Flamant à madame Victoire Maroux, couturière, rue du Petit-Carreau, 9, à Paris.

Milan, 16 mars.

Ma chère sœur,

Depuis ma chute, depuis bientôt deux ans, voici ma première lettre.

En fuyant alors Paris et notre humble logement du sixième étage où je ne pouvais plus espérer voir entrer le bonheur et où je te laissais en partant mon déshonneur pour récompenser ton dévouement presque maternel, je déposais sur ta modeste commode de noyer un billet contenant ces seuls mots :

« Ne me maudis pas, pauvre et chère sœur, un jour j'oserai te dire le motif de mon départ. »

Ce jour est venu.

Je vais quitter Milan et je veux savoir, avant de me présenter chez toi, si tes bras me seront ouverts malgré ma faute, ou si tu me chasseras.

Je suis partie de chez toi, parce que je n'ai pas eu, comme toi, assez de résignation pour user ma jeunesse dans un travail de Danaïde.

Je suis partie, parce que je n'ai pas eu, comme toi, le courage d'épouser un butor d'ouvrier qui, après deux ans de ménage, rentrera ivre trois fois par semaine, comme un *sublime*, vomira sur l'oreiller conjugal l'absinthe du *mannezingue*, me rossera si j'ose me plaindre, me plantera là, moi et mes *gosses*, pour continuer de parler l'argot ignoble de la canaille *des assommoirs*, et me préférera quelque *gousse* de la borne et du trottoir.

Tout cela, ton mari, — *un vrai sublime*, — l'a fait.

Or les trois quarts des ouvriers sont taillés sur ce joli patron ; j'ai trop peur de tomber sur un mauvais numéro.

Je te l'écris carrément : — j'aime mieux être la maîtresse d'un homme distingué que la femme légitime d'un porc.

Enfin je suis partie parce que j'avais dix-huit ans, de la beauté, des rêves dorés plein la tête et des aspirations ambitieuses à faire déborder ma raison.

Souviens-toi, chère sœur, j'entrais à peine dans ma sixième année lorsque notre sainte mère mourut épuisée par le travail et les privations ; quant à notre père, ses camarades du chantier où il buvait plus qu'il ne suait, nous le rapportèrent une nuit d'hiver ivre mort et glacé par le froid et l'alcool. Cette nuit-là, le Dieu des ivrognes s'était probablement *absinthé* dans l'Olympe, car il n'avait pas secouru papa à temps, si bien qu'une semaine plus tard tous les habitués des *mastroquets* voisins conduisaient au cimetière ce digne père de qui nous n'avons jamais reçu que le nom, des gifles et d'ignobles exemples de débauche.

Tu avais quinze ans de plus que moi, et, pour faire vivre ta petite sœur, tu te mis à travailler davantage, à te coucher plus tard et à te lever plus tôt, sois bénie, mon ange tutélaire, sois bénie.

Tu as rempli une tâche noble et sacrée, celle d'élever un enfant.

Je ne suis pas une ingrate, et mon désir le plus vif, c'est de te rendre dans ta vieillesse les soins que tu as prodigués à mon enfance.

La vue de ton ménage m'a perdue ; elle m'a fait prendre en dégoût un mariage avec un homme de notre couche sociale. Un ouvrier puant le vin, l'eau-de-vie, le cassis, le tabac, infidèle à chaque occasion, et infidèle avec quelles guenons, grand Dieu ! Voilà le spectacle qui pendant dix ans a révolté mes yeux, mes sens et mon cœur.

Aimante et résignée, battue comme un chien et comme lui fidèle et soumise, tu as courbé le front sous ce long martyre ; mais je connais mon tempérament, au premier hoquet, j'aurais poussé mon saoulard hors du lit, au premier soufflet, je l'aurais fait passer par la fenêtre.

Ma nature est un vrai contraste avec la tienne. Tu t'appelles la résignation, moi la lutte. Tu pleures ; moi, je tuerais !

Si j'entre dans ces longues explications, douce sœur, c'est que je crois nécessaire de te faire comprendre par quelle filière j'ai passé avant d'en arriver où je suis.

Je n'ai été ni séduite ni enlevée.

Je me suis livrée volontairement, sachant parfaitement, comme toutes les jeunes filles de notre condition sans une seule exception, quelle sorte de marchandise j'allais vendre à mon acheteur la première nuit de ces noces illégitimes.

J'ai voulu sortir, — à tout prix, — de la sphère dans laquelle je suis née. A l'union légale, mais trop souvent suivie de misère et de coups dans notre monde, j'ai préféré, non pas un amant, je mentirais, mais, lâchons le mot brutal et vrai, — un entreteneur.

Achevons d'être franche, ce n'est même ni un amant ni un entreteneur que j'ai choisi, c'est un marchepied, ou, si tu l'aimes mieux, le premier degré de l'échelle de la fortune.

L'homme qui m'a enlevée a cru qu'il m'avait séduite; pauvre niais! Que ses illusions lui soient légères! je les lui laisse; cela peut me servir. Ah! ma pauvre chère, que les hommes sont donc bêtes!

Mon objectif, c'était le théâtre.

Là seulement se rencontrent l'éclat, la fortune, le luxe matériel et toutes les jouissances de l'esprit.

Tu m'avais conduite quelquefois le dimanche, quand j'étais bien sage, voir le spectacle à Belleville, à Beaumarchais, au plus haut du paradis dramatique, et mon enthousiasme t'avait beaucoup amusée.

Cet enthousiasme a grandi. Je me suis promis de devenir une comédienne acclamée, et je me tiendrai parole.

Pour arriver à ce but, j'ai tout mis sous mes pieds, honneur, vertu, tes sages conseils, bien plus encore, toi, toi-même ma seconde mère, toi dont ma fuite a dû briser le cœur.

Je savais tout au plus lire et écrire, mais grâce à un travail opiniâtre, à une volonté de fer, grâce à une mémoire rare, j'ai acquis en six mois plus d'instruction que n'en ont bien des femmes de haut parage. Je commence à m'accompagner passablement sur le piano, et ma voix, vraiment belle, a pris un éclat et une étendue extraordinaires depuis que je sais la conduire.

J'ai commencé ma carrière dramatique au théâtre de la *Scala* par des bouts de rôles; j'ai débuté comme débutent toutes *les grues*, selon l'argot des coulisses, par cinquante francs le mois. A la fin du premier trimestre mon impresario doublait mes gages et me confiait quelques rôles importants. J'arriverai.

J'aborde maintenant le point le plus important et le plus délicat de ma situation présente.

Tu te rappelles le vieux dicton gaulois : — On ne fait pas d'omelettes sans casser des œufs!

Désireuse de goûter à une omelette faite de succès, de luxe et de renommée, j'ai imité la cuisinière et j'ai suivi le conseil du vieux proverbe; seulement, n'ayant malheureusement qu'un seul œuf, je n'ai pu casser que celui-là.

L'œuf une fois brisé, il est sorti de sa coquille, ni plus ni moins que dans les féeries, toutes sortes de surprises agréables : de l'or, des chevaux, des voitures et des diamants.

Le prince charmant qui m'a procuré toutes ces jouissances, après avoir savouré mon œuf à la coque, s'appelle le vicomte Robert d'Olonne.

Il est jeune, beau, distingué, spirituel, brave, de grande noblesse et de grand air; voilà le côté des qualités.

Dans le compartiment de ses vices qui sont nombreux, je ne sais par où commencer mon énumération; je m'effraye même de la longueur que pourrait avoir ma nomenclature, et j'aime mieux la résumer dans cette courte phrase : Cet homme n'a ni cœur ni âme.

Et quand je dis, cet homme, je me trompe; car ce n'est pas un homme, c'est...

C'est le dieu Priape!... Tout est bon à cette brute érotique.

Princesses, piqueuses de bottines, duchesses, chiffonnières, marquises, couturières, ambassadrices ou cuisinières, il goûte à tout. Il tromperait la Vénus de Milo pour la vieille fée

Carabosse. Soie ou coton, velours ou calicot, dentelles ou haillons, rien ne le dégoûte; il a beau manger, jamais il n'est rassasié, encore moins connaît-il les indigestions.

Il voudrait posséder toutes les femmes qu'il aperçoit; il ne désire que celles qu'il n'a pas encore eues, puis dès qu'il a obtenu leurs faveurs, il s'en montre repu et las.

Je ne sais si jamais il aimera; mais si ce miracle se produit, ce sera en faveur d'une femme assez adroite pour savoir se faire désirer sans jamais rien céder. Alors il l'adorera peut-être; car il ne procède que par excès.

Ses amis disent de lui qu'il est un héros de libertinage; c'en est bien plutôt une victime. Il y a longtemps que, chez lui, la satiété a tué le plaisir.

Rien du reste ne saurait mieux le peindre que la devise de son cachet:

Non bis in idem;

c'est-à-dire: — Jamais deux fois la même. Je ne te donne pas sa traduction, à lui; elle est cynique.

Tel est l'homme auquel j'avais rivé le premier anneau de ma destinée; cet anneau, il l'a brutalement brisé hier.

Il m'a fait une de ces injures qu'une femme de mon tempérament n'oublie jamais, ne pardonne jamais; il m'a cravachée.

Si je ne l'ai pas tué sur-le-champ, c'est que cela n'était pas possible; ma révolte eût été suivie d'une seconde humiliation.

Je me suis tue; j'attends l'occasion, je la guette; je la ferai naître, et alors la vengeance dépassera l'outrage.

Demain même cette vengeance commencera; quand elle cessera, c'est que je serai morte.

Je garde la cravache de ce fils des preux; je la lui rendrai sur ses épaules, sur son visage.

Désormais elle restera suspendue au fond de mon alcôve afin que, le matin à mon réveil, le soir à mon coucher, elle me dise:

— *Remember!* Souviens-toi!

Mon engagement au théâtre expire le 30 avril; si tu me pardonnes, je cours à Paris me jeter dans tes bras; si tu me méprises, je pars pour Saint-Pétersbourg, le seul pays où l'on aime sincèrement la France.

———

Victoire Mareux à mademoiselle Césarine Flamant, artiste dramatique, au théâtre de la Scala, à Milan (Italie).

Paris, 25 mars.

Reviens.

———

CARNET

Milan, 17 mars.

Bizarre aventure.

Je viens d'être berné, mystifié et cocufié, dirait Molière, par Césarine.

Je veux bien lâcher une maîtresse; mais je n'admets pas qu'elle puisse me donner mon congé, et j'ai reçu mon compte.

De rage, j'ai joué le rôle d'un sot; aussi, je suis furieux contre moi.

Allons, carnet de Vénus, encore cette confidence sur ton vélin d'azur, et garde-moi le secret de cette mésaventure.

Après le spectacle où Césarine avait montré un véritable talent, ce qui lui avait attiré de

Une demi-douzaine de coups de cravache. (Page 13.)

frénétiques applaudissements, poussé par ma vanité habituelle et fier de posséder la femme qui venait d'être l'objet d'un véritable triomphe, je montai chez ma maîtresse, le temps de fumer un cigare.

Le souper était servi devant un feu pétillant; il y avait deux couverts.

J'en fis la remarque et j'ajoutai avec la naïveté d'un novice :

— Merci, chère belle, faites enlever le second couvert, je ne pourrai souper chez vous ce soir.

Césarine me regarda de l'air le plus impertinent et répliqua :

— Qui vous fait supposer que ce second couvert soit pour vous? Est-ce que je vous ai invité? Je souris et je repris.

— Oh! vous me gardez rancune de la petite scène d'hier?

Je faisais allusion à la scène de la *cravache*. Je continual :

— Vous attendez un camarade?

— Non, riposta-t-elle brutalement, j'attends mon amant.

Je crus à une plaisanterie et j'ajoutai d'un ton railleur.

— Voulez-vous me permettre de l'attendre avec vous?

— Soit.

— Alors je reste, m'écriai-je en riant, et quand il viendra, je vous demande comme une vraie faveur de me présenter à lui.

Un coup de sonnette assez discret se fit entendre; un éclair diabolique illumina le visage si expressif de Césarine, et elle me répondit en se mordant les lèvres avec une certaine rage contenue.

— Vous allez être servi à souhait.

Au même instant la femme de chambre entra et fit à sa maîtresse un signe qui ne m'échappa point et qui était une interrogation muette.

— Non, dit vivement Césarine, répondant à ce signe mystérieux, non, pas dans le salon, faites entrer ici, ici même, et tout de suite.

La femme de chambre ne put réprimer un mouvement de surprise; elle jeta sur moi un regard rapide et plein d'étonnement et elle se hâta de disparaître.

Quant à moi, de plus en plus niais et persuadé que j'allais voir arriver un ou une des artistes du théâtre, je partis d'un franc éclat de rire, quand la soubrette, ouvrant la porte avec majesté, annonça de la voix d'un maître des cérémonies :

— M. le comte de Berg.

Une seconde après, apparaissait le jeune comte, en ce moment second secrétaire de l'ambassade russe en Italie.

A ma vue, M. de Berg s'arrêta surpris; moi-même j'étais resté interdit, je ne m'attendais nullement à cette apparition.

Nous étions, le jeune comte et moi, non pas deux amis, mais de vieilles connaissances, pour nous être souvent rencontrés à Paris dans les meilleurs salons; ma liaison avec Césarine était trop connue pour que le diplomate russe ne comprît pas tout ce que sa situation avait de délicat à pareille heure chez ma maîtresse.

Seule de nous trois, Césarine avait conservé tout son sang-froid. Je ne sais si elle avait préparé cette scène; mais elle en profita avec la perfidie la plus cruelle.

De l'air le plus naturel, la comédienne fit quelques pas à la rencontre du nouveau venu, puis, se tournant vers moi, elle me dit avec un sourire plein de raillerie :

— Mon cher vicomte, vous avez désiré tout à l'heure une présentation? je vais m'empresser de vous donner satisfaction.

Alors Césarine s'adressa au Russe et, me désignant d'un air de plus en plus railleur.

— Monsieur le comte, reprit-elle, permettez-moi de vous présenter M. le vicomte Robert d'Olonne, mon amant d'hier.

Le secrétaire d'ambassade s'inclina.

Césarine continua aussitôt en se tournant vers moi et en me toisant avec un certain mépris.

— Mon cher vicomte, je vous présente M. le comte de Berg, mon amant d'aujourd'hui.

Cette impudente et cynique présentation, aussi outrageante que le soufflet d'un homme, acheva de m'exaspérer, je sentis un flot de sang envahir mon cerveau; je saisis le bras de cette insolente courtisane et, le broyant entre mes doigts crispés.

— Misérable! m'écriai-je, à genoux et demande-moi pardon!

Je n'eus ni le temps d'achever ma pensée ni le temps de forcer Césarine à s'humilier, je me sentis vivement arrêté, et le comte me cria:

— Oh! monsieur, une femme!...

En toute autre occasion, ce reproche mérité m'eût rappelé à la dignité de ma position; mais la fureur m'aveuglait.

Je ne trouvai rien à répondre, je me dégageai des serres du Moscovite et saisissant comme une brute, un des verres placés sur la table, je le lançai au visage de mon rival. Le sang jaillit.

Une minute de silence succéda à cet acte de violence.

Le comte, pâle comme le suaire d'un mort, mais toujours digne, me dit d'une voix qu'il s'efforçait de de rendre calme.

— Monsieur, demain matin, mes témoins auront l'honneur de se présenter chez vous.

— Monsieur, lui répondis-je, j'aurai l'honneur de les attendre et de les mettre en rapport avec les miens.

De Berg accepta de la main de la femme de chambre une serviette et de l'eau, bassina sa blessure, puis il baisa très courtoisement la main de la maîtresse du logis et se retira.

Quant à moi, j'avais pris un fauteuil et je m'étais installé devant le feu. Je serais plutôt mort que de sortir avant mon rival; mon successeur, a dit Césarine.

Ah çà! serais-je jaloux de cette fille? Allons donc!

Je ne l'ai jamais été, même au temps où je ne l'avais pas encore possédée, même au temps où j'en étais le plus épris. Je ne sais ce qui m'a mordu au cœur ce soir; ce ne peut pas être la jalousie, ce n'est que du dépit.

Le dépit?... Non... non... je cherche à me duper moi-même; non, ce n'est pas le dépit seul qui tout à l'heure a fait passer dans ma cervelle tout un orage de fureur et de douleur; c'est la jalousie.

La jalousie! mais quand on est jaloux, on aime. On n'est pas jaloux des femmes que l'on n'aime pas.

Aimer Césarine? moi! Allons donc, je suis fou!

Il faut en convenir, cette femme-là est très forte, très supérieure.

Pendant ce drame intime où deux galants hommes entamaient à cause d'elle et devant elle un de ces terribles prologues où la vie est en jeu, cette diablesse a fait preuve d'une insouciance inouïe. Si le souper eût été sur la table, je parie qu'elle eût sucé une aile de perdreau sans sourciller, et je jure que si notre duel avait lieu dans la salle du théâtre, elle louerait sa loge pour voir lequel de ses deux amants, celui de la veille ou celui du lendemain, subira le désagrément d'être embroché.

Quand je suis sorti, elle s'est assise bravement devant un poulet rôti et, se versant un verre de bordeaux, elle l'a vidé en riant, puis elle m'a crié comme j'ouvrais la porte:

— Bonne chance, vicomte; à votre santé!

J'aurais dû étrangler cette vipère!

CARNET

Milan, 18 mars, midi.

Les témoins de mon adversaire sont le prince Alabuscheff, un Russe, et le baron Bernstorf, un Autrichien.

Les miens seront le marquis de Marizy et le baron de Nédonchel, chancelier du consulat de France, deux compatriotes.

On a choisi l'épée. Nous devons nous battre tant que l'un de nous pourra tenir son arme.

Un duel doit être sérieux ou ne pas avoir lieu.

Quel est l'écrivain catholique aussi sot que maladroit qui a écrit ce blasphème?

L'homme s'agite et Dieu le mène.

Est-il un animal plus mal mené que l'homme?

J'aime à croire, pour l'honneur de la divinité, qu'elle n'est pour rien dans nos actions.

Pour moi, personnellement, si elle me mène, je dois reconnaître à part moi, qu'elle me conduit parfois dans de drôles de maisons.

Aujourd'hui, où va-t-elle me mener? Peut-être au cimetière.

CARNET

Milan, 18 mars, minuit.

J'ai dîné chez mon témoin le marquis de Marizy; charmant garçon.

Nous avons passé deux heures à tirer l'épée.

Le marquis a trouvé que j'étais d'une jolie force; mais de Berg est également très friand de la lame.

Dans les salles d'armes où nous nous sommes souvent rencontrés à Paris, la galerie nous a plus d'une fois applaudis. Nous nous sommes mutuellement boutonnés. J'ai la main plus alerte, le jeu plus brillant; mais le sien est plus serré.

Si j'avais à parier, je serais assez embarrassé.

Minuit sonne, je rentre chez moi.

Les convives du marquis connaissaient ma rencontre de demain; ils ne se sont pas cachés pour admirer mon sang-froid à la veille d'un duel.

Me voici seul chez moi, tout bruit a cessé; je me regarde dans ma glace.

Eh! eh! je suis un peu pâle, un peu soucieux, j'ai cessé de rire, j'ai cessé d'avoir de l'esprit; mon esprit s'est envolé à la suite des amis du marquis de Marizy. Je n'ai plus besoin de poser; je suis seul.

Tout en me déshabillant, je jette involontairement et sans cesse les yeux sur la pendule. Elle marque une heure.

Quand l'aiguille aura fait le tour du cadran, mes yeux la verront-ils encore? Mes oreilles entendront-elles encore vibrer le timbre comme elles viennent de l'entendre?

En un mot: serai-je mort ou vivant?

Dieu seul le sait. Dieu!

S'il existe, comme ma mère me l'a enseigné pendant mon enfance, l'ai-je assez offensé!... Malgré moi mes mains se joignent et je prie.

Ma mère m'a souvent répété dans ma jeunesse qu'une prière sincère pouvait toucher Dieu; la mienne me paraît sincère.

Qu'il y a longtemps que je n'avais prié!

Un sceptique de mes amis me disait un jour avec ironie:

— La religion n'est, pour beaucoup de gens, que l'espérance ou l'illusion d'un placement avantageux sur la vie future. Avait-il raison?

Je prie, c'est vrai, je prie même avec ardeur; mais si demain j'échappe à la mort, prierai-je de nouveau?

Décidément, si résolu que soit un homme, si insouciant qu'il paraisse être devant le danger, ses réflexions manquent de gaieté la nuit qui précède un duel.

Involontairement, je regarde autour de moi, dans cette chambre où dans quelques heures des étrangers rapporteront peut-être mon cadavre.

Aucun parent, aucun ami ne sera là pour veiller sur ma dépouille.

Je serai enterré loin de la France, loin des miens, sans qu'une larme tombe sur mon cercueil, sur ma fosse... et j'ai vu des gens pleurer sur leur chien mort.

Les pensées se heurtent dans mon cerveau que je ne puis calmer.

Je songe à toutes choses que je néglige habituellement... à ma religion qui m'était si indifférente hier... à mon père, à mon père qui, si je suis tué, apprendra ma fin tragique par un racontar de journal.

Pauvre père! quel fils le ciel t'a donné!

J'ai eu raison de ne pas me marier; pour me châtier, Dieu n'aurait eu qu'à m'envoyer des enfants à mon image.

Alors mon enfance se déroule devant moi comme dans une vision magique; je la vois passer ainsi que dans un théâtre, on voit une toile sans fin montrer aux spectateurs une succession de panoramas.

Je me revois dans le vieux manoir vendéen de mon père, — un nid de nobles et de prêtres; — la mer m'attire, et les marins des Sables-d'Olonne, émerveillés de ma jeune témérité, m'emmènent avec eux dans leurs barques pendant des journées entières. Aucun danger ne m'émeut.

Puis, arrive l'âge de ma première communion. Tout change en moi. A l'impétuosité succède le calme; à l'audace, la timidité; aux jurons des gens de mer, les cantiques et les prières; à l'exaltation chevaleresque, l'exaltation religieuse. Deux ans ont suffi pour cette transformation, deux ans passés chez les jésuites.

Ils ont su me prendre. Ils ont su dompter ma nature sauvage. Ils ont su assouplir mon caractère altier en ne paraissant pas le dominer. Qu'ils sont adroits! qu'ils sont habiles! quels diplomates! quel charme dans leur enseignement! Mais aussi, qu'ils sont dangereux pour qui n'est pas avec eux!

Je ne sais comment ils m'ont persuadé que ma vocation était de me consacrer à Dieu, de devenir prêtre; non, en vérité je ne sais comment ils ont pu me faire croire cela; mais enfin ils y sont arrivés, et ils ont agi avec tant de finesse qu'un jour j'ai supplié mon père de me permettre d'entrer dans les ordres sacrés.

Bien que très profondément religieux, comme tous les nobles de la Vendée, mon père a froncé le sourcil; il voyait avec chagrin son fils unique se faire prêtre, et le nom d'Olonne disparaître dans un avenir prochain.

Cependant mon père n'a fait aucune objection; il s'est incliné devant mon désir.

Pendant ce temps les bons Pères redoublaient de zèle pour entretenir ma ferveur. L'un me faisait entrevoir les joies célestes qui me seraient réservées; l'autre, plus pratique me montrait un avenir éblouissant sur la terre.

Il faisait miroiter à mes yeux mon grand nom, m'ouvrant facilement les portes les plus rebelles, me plaçant, dès le premier jour, comme vicaire dans une grande ville, puis une belle cure, puis un évêché, puis la pourpre des cardinaux.

Et, je le confesse, tout ce qu'il disait n'avait rien d'exagéré.

De nos jours, le clergé se recrute très difficilement et très imparfaitement. Autrefois, la noblesse la plus élevée tenait à honneur de faire entrer un de ses fils dans les ordres; aujourd'hui, peu de grandes familles prennent encore ce souci.

Il y a des diocèses où l'évêque manque de prêtres pour le service. Dans tous les diocèses aujourd'hui, c'est parmi la classe pauvre que l'on recrute le plus grand nombre de sujets, presque tous pourrait-on dire.

Quand un jeune homme, porteur d'un beau nom, possesseur d'une fortune considérable, bien de sa personne, parlant avec facilité, daigne se faire prêtre, on peut lui assurer un magnifique avenir. Tous ces dons de la nature, je les possédais.

J'entrais donc un beau jour au grand séminaire, après avoir passé par le petit.

Les premières années s'écoulèrent sans accident; j'avais toujours la foi.

Enfin, pour mon malheur, sonna la dernière année de mes études théologiques, les études pour la diaconale.

Quelle singulière instruction nos supérieurs nous donnent cette année-là!

Pourquoi aller chercher dans la porcherie du jésuite Thomas Sanchez ce qu'il y a de plus monstrueux en libertinage?

Je n'en veux pas dire davantage, parce que je me bats demain en duel, et que je puis être tué.

Toujours est-il qu'en faisant passer sous mes yeux de vingt-quatre ans ces tableaux érotiques d'une variété inénarrable, on a allumé en moi des ardeurs que je n'ai pu éteindre.

Toutes ces peintures, toutes ces voluptés, toutes ces situations auxquelles je n'avais jamais songé; toutes ces lubricités féminines que mon imagination, calme jusqu'alors, ne m'avait jamais montrées; toutes ces joies de la matière qu'on me faisait toucher en me disant qu'elles me seraient interdites à moi prêtre, tandis qu'il m'était facile de voir que le reste du troupeau humain ne s'en privait pas, en dépit du péché mortel; toutes ces lectures enfin enflammèrent mon sang, firent de mes passions un volcan, troublèrent ma raison, et me forcèrent de renoncer à la prêtrise.

Et voilà d'où vient que je suis... ce que je suis.

Au diable les idées noires!

Que jamais personne ne sache que Robert d'Olonne vient de laisser tomber une larme sur ce carnet.

Déchirons cette lettre que j'avais commencée pour mon père.

Si je suis tué, je veux mourir comme j'ai vécu, l'ironie sur les lèvres et l'incrédulité... sur les lèvres aussi... oui, seulement sur les lèvres... pour la galerie.

Allons, au lit, dors... si tu le peux!

Francesca à la signora Flavia Marlani, à Florence.

Milan, 30 mars.

Quel épouvantable événement, chère cousine ! Un duel !...

Oui, un duel à deux pas de notre maison... derrière le petit bois où nous aimions tant à nous promener à cause de ses mystérieux ombrages.

Il est blessé,.. blessé très grièvement... *lui!*... tu sais ?... lui?... ce jeune étranger... ce Français... le vicomte Robert d'Olonne?... mon Dieu, sauvez-le !

Il est agonisant dans la chambre voisine de celle où je t'écris; le médecin ne quitte guère le chevet de son lit, et il ne peut répondre de sa vie.

L'événement a eu lieu il y a une dizaine de jours,.. de grand matin... et sous mes yeux ;... comment ne suis-je pas devenue folle ?

J'étais sortie de bonne heure selon mon habitude, avant le déjeuner, et je me promenais sous les grands arbres, quand je crus entendre derrière un épais massif, une sorte de cliquetis d'armes.

Je m'arrêtai surprise, j'écoutai, et le bruit continuait.

Je m'avançai avec curiosité, et alors un épouvantable spectacle me frappa de terreur.

Deux jeunes gens, habit bas, l'épée nue à la main, l'œil en feu se battaient avec rage.

Du premier regard, j'avais reconnu le jeune Français dont je t'ai parlé; involontairement, je jetai un cri.

Alors il me sembla que le vicomte d'Olonne avait tressailli à ce cri, et que ses yeux s'étaient détournés une seconde de dessus son adversaire pour se diriger de mon côté; mais au même instant, je le vis chanceler, s'affaisser et rouler sur le sol.

Des hommes, les témoins, se précipitèrent sur lui et le prirent dans leurs bras; il retomba comme une masse inerte. Je ne me sentais plus vivre.

J'aurais voulu fuir, mais une force invincible me clouait à ma place, à dix pas de cette scène sanglante.

J'aurais souhaité ne rien voir, et mes yeux ne pouvaient se détacher de ce lugubre tableau.

J'apercevais une tache de sang sur la chemise blanche, et cette tache allait s'agrandissant toujours sur la poitrine du malheureux couché par terre et sans connaissance.

— Il est mort, murmura l'un des témoins. Je frissonnai.

— Pas encore, répondit un second personnage agenouillé devant le blessé et lui prodiguant ses soins.

C'était le médecin amené par ces messieurs. Le docteur continua :

— La blessure sera probablement mortelle; car le poumon doit être touché. Voyez la légère écume rosée qui vient sur les lèvres de M. d'Olonne; cependant il n'est pas mort.

Je respirai. Il vivait, donc on pouvait espérer. Des soins dévoués le sauvaient, si Dieu le permettait.

Un des témoins demanda s'il était transportable.

— Non, répondit le médecin, il passerait en chemin.

— Ne pourrait-on étendre Robert sur les coussins de la voiture qui l'a amené, et le faire ainsi conduire doucement à son hôtel? dit un autre personnage.

— Il n'y arriverait pas vivant, repartit vivement le docteur. Cherchez plutôt une maison dans le voisinage et prions le propriétaire de recevoir le blessé. Il acceptera par humanité ou par intérêt. M. d'Olonne est riche; s'il en réchappe, il payera généreusement; s'il meurt, son père ne reniera certainement pas une dette aussi sacrée.

Un des témoins m'aperçut; il vint aussitôt à moi, et me saluant très poliment:

— Mademoiselle, me dit-il, un de nos amis vient d'être grièvement blessé; auriez-vous la bonté de m'apprendre s'il pourrait recevoir l'hospitalité dans quelque habitation voisine?

— Chez ma mère! m'écriai-je sans avoir la conscience de ce que je répondais.

— Merci, mademoiselle, répondit aussitôt le jeune homme; ayez l'extrême obligeance de nous guider vers la maison de madame votre mère.

Ces messieurs prirent alors le blessé dans leurs bras, et je les précédai.

En quelques minutes le funèbre cortège arriva.

Ma mère, avec sa charité habituelle, accueillit la victime comme un ami, comme un fils dès qu'elle eut appris qu'il s'agissait de secourir un Français.

Elle et moi, nous nous installâmes jour et nuit auprès du malade.

Je n'oublierai jamais le regard qu'il jeta sur moi quand il reprit sa connaissance après deux heures d'évanouissement.

Nous entourions son lit avec anxiété; nous étions une dizaine de personnes dans la chambre, et cependant ses yeux s'arrêtèrent tout aussitôt sur moi et ne s'en détachèrent plus.

Comme le sang coulait difficilement de la blessure et que le blessé étouffait, le médecin se résolut à débrider la plaie afin de lui donner une plus large ouverture et de faciliter ainsi la sortie du sang. L'opération devait être douloureuse.

Ma mère me fit signe de sortir. Le mour⋯ ⋯ mouvement.

— Mademoiselle, murmura-t-il d'une voix ⋯ ue je l'entendis à peine, mademoiselle, je vous prie de rester; votre présence me do⋯ ⋯urage de supporter cette opération.

Je m'arrêtai sur le seuil de la porte. Je rega⋯ ⋯ère; elle hésitait.

Le malade reprit plus faiblement encore.

— C'est sans doute ma dernière prière.

Les larmes me vinrent aux yeux.

Je ne sais si ma mère me fit signe de rester, je ne voyais plus rien, je n'entendais plus. Je fermai la porte, et je demeurai immobile au pied du lit.

Pendant l'opération qui me parut horriblement longue, le blessé ne jeta pas un cri et ne me perdit pas un instant des yeux.

Par moment le chirurgien s'arrêtait et disait au malade, tout en lui tâtant le pouls:

— Je vous fais beaucoup souffrir?

— Non, répondait le blessé avec un triste sourire; je voudrais même que le mal durât éternellement.

Et en parlant ainsi, ses yeux, animés sans doute par la fièvre et la douleur, s'arrêtaient sur moi avec une telle expression que je n'osai plus le regarder.

Quand l'opération fut terminée et que la respiration parut plus libre, le médecin fit observer que l'on pouvait tirer un bon augure de ce que le malade avait pu supporter de pareilles douleurs.

— Je vous sortirai de ce mauvais pas, ajouta-t-il en souriant.

— Tant mieux, docteur, murmura le blessé de sa voix éteinte et sans cesser de me regarder, tant mieux, car maintenant je veux vivre.

— Vous vivrez, j'en réponds, fit le chirurgien.

Il y a un Opéra... et beaucoup de Déesses. (Page 30.)

— Merci ; mais j'ai plus de confiance dans votre savoir que dans vos paroles. Vous jouez votre rôle en berçant vos malades d'illusions que vous n'avez pas ; mais j'ai assez d'énergie pour vouloir entendre la vérité. Je suis loin de ma famille, j'ai des dispositions à prendre si je dois faire bientôt mon dernier voyage ; donc parlez-moi, non comme on parle à une femme, mais à un officier français. Le poumon est touché, n'est-ce pas ?

— Oui, répondit le médecin redevenu grave.

— Alors je suis flambé ?

— Non, seulement le danger est grand.

— Toute lésion au poumon est mortelle, riposta le moribond.

— Vous vous trompez, repartit vivement l'homme de la science; n'oubliez pas qu'un de vos compatriotes, un publiciste des plus distingués, a reçu la même blessure que vous et qu'à cette heure sa santé vaut la mienne.

Le malade répliqua lentement en me regardant:

— Mon compatriote avait auprès de lui un ange de dévouement pour opérer ce miracle.

J'écoutais anxieuse et le cœur oppressé cette rapide conversation, et, sans réflexion, poussée par la charité chrétienne et aussi par un sentiment secret que je ne puis définir, je m'écriai étourdiment:

— S'il ne faut, pour que vous viviez, que du dévouement, ma mère et moi nous vous sauverons!

Le bon docteur sourit; le blessé sortit une de ses mains du lit et me la tendit avec une émotion qui l'empêchait de parler.

Oui, bien certainement nos soins ne lui feront pas défaut; ma mère est si bonne !

J'allais oublier un fait, le plus important cependant; le voici dans toute sa simplicité touchante :

Après le départ du chirurgien et des témoins, nous étions restées, ma mère et moi, seules auprès du lit du pauvre malade, alors il nous pria de lui faire venir au plus tôt un prêtre, voulant, nous dit-il, se réconcilier avec Dieu qu'il avait souvent offensé.

J'ai couru sur-le-champ chercher le directeur spirituel de ma mère; il a reçu la confession du mourant qui éprouvait sans doute beaucoup de difficulté à parler, car cette confession a été très longue, très longue.

Enfin, le digne prêtre nous a fait entrer et nous nous sommes agenouillées pendant qu'il administrait les derniers sacrements à cet infortuné qui, dès ce moment, a paru tout à fait calme.

Nous avons été très édifiées de cet acte tout chrétien; il annonce une âme vertueuse et religieuse. Comme cela tranche avec notre monde que l'on assure être vicieux et sceptique !

Mais quelle peut avoir été la cause de ce duel?

CARNET

Milan, 30 avril.

Ah! papa, que je l'ai échappé belle !... mon pauvre poumon droit passé à l'état de petit crevé.

Quatre centimètres d'acier sous l'aisselle! Aïe!...

Pour un peu je ressemblais à un éperlan décoré de sa brochette d'argent, et je n'avais plus qu'à attendre mon tour devant la lèchefrite de Satan.

Ah! papa, que je l'ai échappé belle !... Aussi, ma première sortie sera pour me rendre à l'église.

J'y entonnerai un *Te Deum* !... en l'honneur de ma résurrection.

Je ferai brûler un cierge devant les autels de mon diable gardien. Le gredin ne m'aura pas trouvé suffisamment truffé de vices et de mauvaises actions pour m'expédier immédiatement dans la république du président de l'enfer.

Patience! qu'il me prête encore une dizaine d'années et je jure de gagner mon fauteuil d'orchestre dans l'infernal séjour; papa Belzébuth me dorlotera au pétrole.

Sais-tu, mon petit Robert, que tu as eu une fameuse peur?

Te voici ressuscité, cher ami, tu n'as plus rien à craindre; eh bien, maintenant, tu peux rire de ta poltronnerie; ris aussi de ces naïfs journaux qui ont vanté ton courage et ta religion.

Ma religion!... Tout en façade!

Quel drôle de confesseur la petite m'a amené! Je crois que ce capucin-là, fin comme tous ses compatriotes, avait deviné que j'avais une peur bleue; car il ne m'a entretenu que de ma mort prochaine et de mes péchés, nombreux comme les épis dans un champ de blé; il m'a parlé pas mal aussi de l'enfer, si bien même qu'à la fin de l'entretien, j'étais prêt à le prier de m'obtenir un mauvais coin dans le purgatoire. Sa conversation, au bon Père, sentait furieusement le soufre et le roussi.

Ma foi je lui ai tout conté, tout, tout, tout! quelle litanie!

Le bonhomme semblait parfois un peu surpris; mais je parie qu'au fond de son âme, il aurait voulu être de moitié dans quelques-uns de mes péchés.

Il m'a marchandé l'absolution. J'ai dû lui promettre un *ex-voto*, or et diamant, pour son église, et une somme assez rondelette destinée au denier de Saint-Pierre. Le Vatican n'a-t-il pas été construit avec des indulgences? Chacune de ses pierres représente au moins un péché. Et il y en a pas mal de pierres!

Après mes générosités, le saint homme a passé l'éponge sur l'ardoise de mon passé; il m'a nettoyé, récuré, remis à neuf;

Son pardon m'a refait une virginité;

or donc, maintenant que j'ai déposé mon bilan et qu'il a été accepté, je vais pouvoir faire de nouvelle dettes, je veux dire de nouveaux péchés.

Je ne regrette pas de m'être confessé, mes deux sœurs de Charité me considèrent maintenant comme un saint.

CARNET

Milan, 5 mai.

Francesca m'aime! Je ne puis en douter.

Hier, la camériste de Césarine est venue m'apporter une lettre de sa maîtresse.

Elle est gentille, cette soubrette, des yeux brillants comme deux vers luisants, une bouche rieuse; je ne l'avais pas assez remarquée.

Quand je rentrerai dans le monde, je la coucherai sur mon carnet.

Césarine m'annonce qu'elle retourne à Paris; bon voyage! Puisse le chemin de fer qui va l'emporter dérailler à la première station! Puisse la chaudière de la locomotive faire explosion!

Cette bonne Césarine ne veut pas partir, m'écrit-elle, sans me donner une dernière marque de sympathie. Qu'elle aille à tous les diables!

Pendant que la soubrette attend ma réponse, j'examine Francesca du coin de l'œil.

Elle paraît entièrement livrée à l'exercice de sa broderie; mais elle est très pâle, sa main tremble, et elle regarde à la dérobée la sémillante femme de chambre.

Francesca sait que c'est à cause de Césarine que je me suis battu; ce bavard de Nédonchel le lui a dit.

Une femme n'est jalouse que quand elle aime, et une femme qui aime doit infailliblement succomber.

———

CARNET

Milan, 10 mars.

Ah! la plaisante aventure! J'en ris encore.

Nédonchel me quitte. Quelle singulière consultation il est venu chercher!

A peine était-il entré que son air embarrassé m'avait déjà frappé.

Après avoir échangé quelques banalités avec mes deux anges gardiens, il leur a demandé gravement la permission de m'entretenir d'une affaire des plus importantes. Ces dames se sont empressées de se retirer.

Je cherchais, à part moi, quelle pouvait être cette importante affaire survenue tout à coup; car je voyais le baron presque chaque jour.

Pendant que je faisais mes réflexions tout bas, Nédonchel fermait soigneusement la porte et s'assurait que personne ne pourrait l'entendre.

Ce soin pris, il revint vers mon lit où j'étais fort intrigué par ce manège.

— Cher ami, me dit-il à demi-voix et avec une émotion contenue, je viens donc vous demander un grand service.

— Il sera rendu, répliquai-je vivement.

— C'est la vie que je sollicite de votre amitié.

— Comptez sur moi; seulement, de quoi s'agit-il? parlez!

— Parlez! parlez! fit le baron avec agitation; voilà précisément la difficulté.

— Diable! La chose est donc bien grave?

— Des plus graves.

— Seriez-vous destitué?

— Oh! si ce n'était que cela! je me moque bien de ma place.

— Avez-vous un duel?

— J'en ai eu, et vous ne m'avez jamais vu ému, je pense?

— C'est vrai. Alors, je ne vois plus que ceci, c'est que votre maîtresse vous a lâché. Eh bien, mon cher, prenez une demi-douzaine des miennes, cela vous fera oublier l'infidèle, je vous donnerai ma liste.

— Ma maîtresse m'est fidèle; c'est moi, c'est moi qui la trahis.

— Je ne procède pas autrement.

— Je le sais, célibataire immoral.

— Pourquoi cette épithète d'immoral? Vous n'avez donc jamais réfléchi au rôle utile que le célibataire remplit dans la société?

— Non, jamais.

— Alors, écoutez.

— J'écoute.

— Jadis, sous l'heureux règne de Louis-Philippe, toutes les chaires de la Sorbonne avaient pour titulaires d'illustres ministres qui, n'ayant pas le loisir de faire leurs cours, se faisaient remplacer par d'obscurs suppléants. Le titulaire touchait le traitement, sans professer, et le suppléant professait sans toucher le traitement; mais tous les deux occupaient la même chaire.

— Eh bien?

— Eh bien, mon cher Nédonchel, le Collège de France de cette époque tant regrettable, est l'image d'une foule de ménages. L'époux, c'est le titulaire; il perçoit le traitement, autrement dit la dot; mais il monte rarement en chaire pour faire un cours qui l'ennuie. Le suppléant, c'est le célibataire, qui se charge de tout le poids du cours, qui remplit la chaire du torrent de son éloquence nerveuse, et *sans dot*, comme dans *l'Avare*. Sans le célibataire, le monde aurait bientôt pris fin. Supprimez le célibataire, et vous verrez quels désastres au prochain recensement! Tout célibataire devrait être exempt d'impôt, et recevoir des jetons de présence.

— Mon cher, me dit alors Nédonchel, cette petite fantaisie va m'enhardir; car je vois que vous ne mentez pas à votre réputation.

— Que dit ma réputation?

— Que vous êtes le plus franc libertin de notre époque.

— Supprimez le mot franc, cher ami, il est de trop. Je me contente de n'être qu'un simple libertin; les femmes préfèrent cela.

— Oh! je sais que vous ne quittez jamais la compagnie des femmes.

— Si fait, cher baron, si fait... pour celle des filles... elles sont plus gaies.

— Vous êtes le Lauzun, le Richelieu, le Bussi-Rabutin, le Don Juan, le Faublas, le Lovelace de notre siècle!

— Vous me faites rougir en me comparant à ces héros.

— Des héros! oui, c'est mon opinion. Je serais fier de marcher sur leurs traces; mais par malheur...

Et le baron s'arrêta en soupirant.

— Achevez!

— Hum!

— Voulez-vous que je vous vienne en aide?

— Volontiers.

— Vous vous demandez comment ces demi-dieux de Cythère et de Paphos s'y prenaient pour pouvoir supporter le poids de leur réputation dans cinquante ruelles à la fois et accomplir les travaux d'Hercule, sans devenir fourbus?

— Vous n'y êtes pas.

— Alors, je renonce à deviner.

— Ça me décide à m'expliquer, je vais le faire, grâce à un couplet de Béranger.

— Un couplet de Béranger?

— Vous rappelez-vous une adorable chanson qui a pour titre *Le Deo gratias d'un Epicurien*?

— Non.

— Alors, écoutez ce couplet.

Et de sa voix flûtée, le petit baron fredonna le couplet suivant :

> Certain soir, monsieur célébra
> Une déesse d'Opéra.
> Pour prix d'un grain d'encens profane,
> Vite au régime on le condamne ;
> Sans accident moi j'ai fêté
> Huit danseuses de la Gaîté.
> Pour un miracle on veut que cela passe.
> Que vous êtes bon, mon Dieu ! je vous rends grâce ;
> O mon Dieu ! mon Dieu ! je vous rends grâce !

— Ah ! ah !

— Vous avez compris ?

— Parfaitement.

— Eh bien, n'êtes-vous pas surpris, comme moi, que les héros de tant d'aventures galantes, qui ont dû brûler des kilogrammes d'encens profane sur les autels des déesses d'Opéra, n'aient jamais été soumis à aucun régime ?

— En effet.

— Ne pensez-vous pas que ceci n'est point naturel ?

— Je le pense.

— Que c'est même fabuleux ?

— Peut-être bien.

— Et remarquez, repartit vivement le petit baron enchanté de me voir accepter résolument son opinion, remarquez que beaucoup de ces héros habitaient Paris, une des capitales classiques du régime.

— Et qu'à Paris, il y a un Opéra... et beaucoup de déesses.

— Dix déesses contre une danseuse de la Gaîté.

— Quand on danse à la Gaîté. Mais où voulez-vous en venir, mon cher Nédonchel ?

— A cette conclusion, murmura le baron de sa voix la plus mystérieuse ; c'est que les favoris d'Eros possédaient, je ne dirai pas un talisman, mais un secret, un secret merveilleux, transmis d'âge en âge et de libertin en libertin ; en deux mots, ils devaient avoir entre les mains un antidote pour les garantir contre les dangers des morsures venimeuses.

— Une sorte de bouclier d'Achille... qui les rendait invulnérables ?

— Précisément... Eh bien, mon cher Robert, continua Néchondel de sa voix la plus caressante, ce secret, ce précieux secret, vous devez le connaître ?

— Moi ?

— Oui, vous.

— Je vous affirme !...

— Chansons ! s'écria le baron. Vous avez sans doute juré de ne rien révéler. Il doit y avoir, entre vous autres libertins, une sorte de franc-maçonnerie ; on est initié au mystère, et on s'engage à ne rien divulguer.

Je riais tellement que je n'avais pas la force de répondre. Enfin je parvins à lui dire :

— Quel intérêt pouvez-vous avoir à m'adresser une pareille demande ?

— Quel intérêt ? répliqua vivement le petit baron, quel intérêt ? L'intérêt le plus grand ! l'intérêt le plus... personnel !

— Ah! bah!... ah! ce pauvre ami!

Je lui serrai la main avec compassion; mais le malheureux eut beau me prier, me supplier, il me fut impossible de lui donner une recette qu'aucun duc de Richelieu ne m'avait transmise.

Nédonchel me quitta l'air pincé, convaincu que j'en agissais fort mal avec lui, et que j'étais un égoïste.

Je lui tendis la main, à peine s'il la prit, et ce fut du ton le plus sec qu'il me fit ses adieux.

Il me garda si bien rancune que je fus forcé d'aller le voir pour renouer nos vieilles relations d'amitié.

Cependant il fut à peine sorti que le rire inextinguible que j'avais difficilement réprimé pendant sa visite, éclata bruyamment.

Mes chères gardes de charité entrèrent en ce moment, et me voyant en si belle humeur, me prièrent de les mettre au courant.

Là-dessus, je devais rire encore mieux; mais je prétextai pour me taire, un secret que m'avait confié Néchondel.

———

Francesca à la signora Flavia Mariani, à Florence.

Milan, 15 mai.

Tu as tort de t'alarmer pour moi, chère cousine, je n'ai rien à craindre.

J'admets, sans examen, sans réplique, tout ce que ton amitié t'a fait m'écrire; oui, Robert a semé les plus déplorables souvenirs dans les villes où il a séjourné; oui, il a commis les légèretés les plus blâmables; mais il n'est pas, comme on s'est plu à te le dépeindre, un monstre de cynisme et de perfidie.

Il s'est accusé devant moi de ses fautes passées avec une franchise, une loyauté qui auraient eu raison de toutes tes méfiances. Son duel, l'idée de la mort prochaine qui l'a menacé pendant quelques jours, tout cela me paraît l'avoir vivement touché et corrigé pour toujours. Il me l'a avoué franchement.

Il est jeune, de nature vive, aimant; il est beau, riche, noble, il ne lui fallait que la moitié de ces qualités pour attirer sur lui l'attention du monde et des envieux.

Il a séduit nombre de femmes, m'écris-tu; mais a-t-on compté combien de ses victimes avaient couru au-devant de leur défaite?

Ne crains rien pour moi. J'aime Robert, je l'avoue sans rougir, je le confesse avec la sincérité que tu me connais; je l'aime passionnément, mais je me tuerai plutôt que de céder à cet amour.

Mon parti est pris. Ou je serai l'heureuse femme de Robert, ou la fiancée résignée du Christ. La maîtresse d'un homme? moi? jamais!

Je ne crois pas me tromper en pensant que je suis aimée. Robert me l'a fait comprendre avec une réserve si chaste, avec tant de respectueuse délicatesse, qu'aucune femme ne pouvait s'en montrer blessée, encore moins inquiète.

Il commence à se promener dans notre mignon jardin, tantôt au bras de ma mère, tantôt au mien, et, comme il a beaucoup voyagé, beaucoup étudié, sa conversation est des plus intéressantes.

Mes journées sont délicieuses; je les savoure, je voudrais vivre ainsi éternellement.

Si Dieu, après ma mort, m'admet dans son sein, je ne lui demande pas d'autre paradis.

CARNET

Milan, 23 mai.

Une tuile sur le crâne! Ce matin, mon âne d'Esculape a déclaré hautement qu'il me considérait comme absolument guéri. *Bestia! Brutal!* Il ne reviendra plus; je l'ai payé.

Ce soir, la signora Néri-Doni, dans une phrase confite en sucre et en miel, m'a fait entendre que, ma santé se trouvant rétablie, il ne me restait plus qu'à déménager.

J'ai voulu faire la sourde oreille; mais cette nature loyale m'a vite forcé de comprendre; donc il faut déguerpir et chercher gîte ailleurs.

J'ai demandé trois jours de répit; j'ai fini par les obtenir.

Avant trois jours, Francesca sera ma maîtresse! J'ai déjà fait naître le plus merveilleux motif pour éloigner la maman qui me laisse trop rarement en tête-à-tête avec sa fille. Je l'ai priée de me découvrir un appartement; j'ai fait observer que j'étais encore trop faible pour entreprendre des courses aussi fatigantes.

La signora doit se mettre en campagne demain et, pendant son absence, je resterai seul à la maison, seul avec ce rare trésor qui se nomme Francesca.

Oh! la fille bien gardée!

Quand cette excellente mère reviendra, j'espère l'avoir élevée à la dignité de future grand'maman.

J'ai pris le prétexte de mon prochain départ pour me faire apporter deux paires de boutons d'oreilles en brillants de la plus belle eau; je les ai offerts à ces dames comme un souvenir de ma reconnaissance. On a voulu refuser, on a blâmé ma générosité; mais on a fini par accepter.

Francesca m'a jeté à la dérobée un regard plein de douceur et de gratitude; j'espère être encore mieux récompensé demain, et payé en monnaie vierge. A demain donc!

Je laisse ce carnet ouvert pour y inscrire le nom d'une nouvelle conquête, le fleuron le plus brillant de ma couronne d'amour. A demain!

CARNET

Milan, 27 mai.

Enfer! elle m'échappe!

Où la rejoindre?... où la retrouver?... où a-t-elle fui?... où s'est-elle réfugiée?... où la chercher?.. à qui la demander?

Si j'étais en France, je fouillerais les villes, les hameaux, les masures et les châteaux; je mettrais en campagne toutes les polices privées pour découvrir ma belle fugitive; un si splendide joyau ne passe pas à travers une contrée, une population, sans y laisser sa trace lumineuse.

Mais en Italie, il y a des couvents mieux défendus, mieux protégés que la Chine derrière sa muraille. On se heurte contre leurs pierres; on ne les franchit pas. Il faut être Louis XIV pour arracher La Vallière au cloître.

Que cette journée d'hier avait commencé avec délices; mais quelle fin maudite !

Lâche! me cria-t-elle, qui outrage une femme. (Page 37.)

Nous sortions à peine de déjeuner que la signora s'éloignait pour se mettre en quête de mon nouvel appartement; de son côté, Francesca s'était retirée dans sa chambre, et j'étais rentré dans la mienne.

J'avais remarqué que cette heure était celle pendant laquelle Francesca s'habillait, ce détail était trop important pour que je ne l'eusse pas observé, et j'avais résolu d'en profiter !

Une femme à demi vêtue est à la merci de l'ennemi comme un soldat désarmé.

La veille, j'avais pris la précaution d'oublier mon flacon de sels dans un coin de la cheminée de cette chambre où ma belle madone quitte son peignoir du matin pour sa toilette de la journée, toilette toujours très simple, très modeste, toilette de quakeresse.

Pendant le déjeuner je m'étais plaint de malaise, d'étourdissement; j'avais à peine touché aux mets.

Une demi-heure après la sortie de la maman, et quand je supposai que Francesca devait être... dans le simple appareil d'une beauté qu'on vient d'arracher au sommeil, je montai et je heurtai doucement à sa porte.

Quelques secondes s'écoulèrent, enfin un pas léger se fit entendre, et ma jolie Milanaise demanda, à travers la mince cloison, qui frappait ainsi.

— Mille pardons de vous déranger, signora, répondis-je; mais je crois avoir oublié mon flacon de sels hier soir chez vous, et je n'aurais jamais osé me permettre de vous le demander si je ne me sentais fort indisposé.

— Ah! mon Dieu! s'écria-t-elle, je cours voir.

Un frou-frou d'étoffes m'annonça qu'elle disparaissait; deux minutes après, elle me parlait de nouveau toujours derrière la porte.

— J'ai votre flacon, mais je ne puis vous le donner en ce moment. Veuillez m'attendre au salon, je vous y rejoindrai dans cinq minutes.

Ceci ne faisait nullement mon affaire; mais j'avais prévu la réponse, et j'avais ma parade toute prête.

Je m'empressai donc de répliquer d'une voix que je rendis la plus affaiblie possible.

— Merci, merci mille fois, je vais m'y rendre; j'attendrai, ne vous pressez pas. Si, par hasard, vous ne me trouviez pas au salon, ne soyez pas effrayée, c'est qu'alors j'aurai seulement perdu connaissance avant d'y pouvoir y arriver.

— Mon Dieu! mon Dieu! fit-elle, seriez-vous donc si malade?

— Je serais désolé de vous alarmer, repris-je d'une voix de plus en plus tremblante; j'aurai peut-être la force de ne pas tomber avant d'arriver au bas de l'escalier.

— Vous ne pouvez descendre ainsi, s'écria Francesca obéissant à son bon cœur et ouvrant rapidement sa porte; ce serait une trop grande imprudence.

Elle se précipita vers moi qui chancelais et paraissais prêt à défaillir.

Elle me prit le bras, me soutint et me fit respirer les sels de mon flacon.

Je levai les yeux sur elle pour la remercier.

Non, non, rien de plus merveilleux sur la terre!

Je faillis tomber à genoux en adoration devant cette splendide image de la plus suprême beauté, et ma violente émotion, qu'elle prit pour un signe de souffrance, n'était que le pâle reflet de l'extase dans laquelle l'apparition de tant de trésors venait de jeter mes sens ravis et troublés.

Ses magnifiques cheveux noirs, complètement en liberté, flottaient sur ses épaules de nacre et d'ivoire à peine protégées contre la licence de mes regards par une gaze des plus transparentes; un long peignoir de mousseline blanche, mal retenu par une ceinture nouée à la hâte, enveloppait sa taille svelte et ondoyante dont il dessinait les contours marmoréens, et les mules les plus mignonnes chaussaient à demi deux pieds nus, aussi polis que l'albâtre.

Je n'eus qu'une pensée.

— Tous ces trésors, me dis-je, vont avoir enfin un maître, et ce maître, ce sera moi.

Je m'étais arrêté devant cette chaste et admirable créature. Muet et vacillant, j'avais suivi la rampe de l'escalier comme pour m'efforcer de descendre, mais avec la ferme volonté de n'en rien faire afin de pouvoir m'introduire dans la chambre de Francesca.

Je murmurai doucement.

— Rentrez, signora, rentrez, je vous en supplie... Je suis désolé... je...

Et je parus sur le point de m'évanouir.

L'innocente me serra sur son sein pour me retenir; son cœur battait plus fort que le mien.

Je jouais sans doute cette scène avec l'habileté d'un comédien consommé, car la pauvre enfant était fort effrayée. Elle se désolait de ce que sa mère n'était pas là pour me secourir.

Je parus faire un violent effort, et balbutiai faiblement :

— Laissez-moi, signora, rentrez chez vous... je vais m'asseoir sur ces marches.

— Je ne le souffrirai pas, s'écria Francesca, asseyez-vous plutôt quelques minutes dans ma chambre.

Je ne demandais pas autre chose pour le moment, je ne me fis donc pas prier, je pénétrais dans le sanctuaire et je me laissai tomber sur un fauteuil comme un homme anéanti.

Pendant ce temps, ma jolie sœur de Charité, sans défiance, se demandait probablement si je n'allais pas trépasser tout de bon, et elle me contemplait avec anxiété.

Préoccupée de ma triste situation, elle ne s'apercevait pas que son peignoir s'était entr'ouvert et livrait à mes yeux éblouis des richesses qu'aucun homme n'avait jamais entrevues.

— Voilà qui n'est pas fait pour éteindre l'incendie, pensai-je.

Mon adorable Milanaise s'aperçut sans doute de la direction prise par mes regards; d'un geste chaste et rapide, elle ramena peignoir et fichu sur ses épaules, pendant que le plus charmant incarnat se répandait sur son visage et venait augmenter encore la violence de mes désirs...

Je ne sourcillai pas, je parus n'avoir rien remarqué afin de ne pas effaroucher l'oiseau. Je ne le trouvais pas suffisamment englué.

J'hésitais sur la manière dont je commencerais l'attaque.

Familier depuis longtemps avec ces duels d'homme à femme, j'avais eu cent fois l'occasion de remarquer que le succès final dépend presque toujours de la façon dont l'action est engagée.

Avec les femmes mariées, les veuves et les femmes séparées de corps et de bien, comme elles savent parfaitement ce qu'on sollicite d'elles, on peut s'avancer hardiment et brusquer un dénouement qu'elles repoussent tout haut avec horreur, mais qu'en secret elles appellent plus ardemment que l'homme. Il n'y a qu'à compter sur leurs passions, leurs désirs, leurs ardeurs inassouvies; le succès n'a rien de difficile.

Mais quand on se trouve en face d'une enfant aussi pure, aussi naïve, une enfant dont les sens sommeillent encore, et qui est protégée contre de trop audacieuses entreprises par sa pudeur naturelle et par une litanie de conseils maternels et religieux, la prudence exige qu'on avance pas à pas. Il faut observer et profiter de toute surprise des sens; de toute minute d'oubli ou d'exaltation. Avant d'arriver à entraîner un ange dans une chute irréparable, il faut lui paraître également entraîné par une passion aveugle ; pour lui faire perdre la raison, il faut conserver toute la sienne, mais lui faire croire qu'on l'a perdue.

Ceci ne s'applique assurément qu'aux femmes et aux filles honnêtes ; quant au monde de la galanterie, il n'a rien à voir là dedans.

Avec la fille d'argent, rien d'imprévu ; on n'a qu'à ouvrir son porte-monnaie.

L'honnête femme, au contraire, est un protée qui varie sans cesse. Il y a dans cette lutte, dans cette conquête, toutes les émotions du duel, d'une bataille, d'une première représentation, et l'assaillant se demande parfois à qui restera la victoire.

Quoi de plus délicieux que les terreurs, les larmes, le désespoir de la veuve ou de la jeune fille prêtes au suicide si leur chute amène un scandale? Quoi de plus adorablement comique que la désolation de la dévote entraînée vers le péché par les ardeurs de la chair, poussant des lamentations que signerait feu Jérémie, et allant de Dieu au diable avec une *furia* toute française.

Quelle différence entre la fille d'argent et l'honnête femme!

La fille d'argent se voit tranquillement dépouiller de sa guimpe, de sa ceinture, de sa robe; elle y aide au besoin. Les derniers voiles tombent sans que rien se révolte dans la personne de l'hétaïre; elle continue son sourire de photographie. Elle vous regarde, mais elle ne vous voit pas; vous lui parlez, elle ne vous entend pas; toute son âme appartient à l'or que vous lui avez promis et qu'elle attend.

Au contraire, avancez une main profane vers la femme honnête que vous êtes parvenu à séduire; tentez de déchirer d'un geste impie ce frêle rideau derrière lequel s'abrite sa pudeur, le rouge de la honte montera aussitôt à ce visage suppliant; les larmes, les colères, les supplications tenteront d'arrêter votre main téméraire, et cette minute de délire remplira tout votre être de plus de volupté que toutes les exhibitions lascives des femmes vénales.

Ce qui me charme et m'attire dans Francesca, c'est moins sa lumineuse beauté que sa divine chasteté.

Pour réussir auprès d'elle, je n'ai trouvé qu'un seul moyen, le plus vulgaire, le plus employé, par conséquent le meilleur; j'ai parlé mariage, sans cette précaution, la sauvette s'envolait.

A ce mot magique de mariage, Francesca m'a regardé avec des yeux pleins de reconnaissance. Elle s'attendait à cette promesse.

Rassurée par mon serment et par cette perspective, se voyant déjà vicomtesse d'Olonne, ma chère Italienne qui s'était tenue debout devant moi comme pour me donner congé dès que mon indisposition serait passée, ma belle Italienne a consenti à prendre un fauteuil.

Nous avons causé alors, causé de ma famille à laquelle je présenterais avant peu ma femme bien-aimée, puis mon siège s'est insensiblement rapproché du sien, sa main s'est trouvée dans la mienne, nos regards se sont rencontrés, et la causerie solennelle a glissé sur le doux sentier de mousse et de fleurette où l'on jase d'amour.

Comme le cœur de cette chaste enfant battait! comme il soulevait ce léger fichu que ma main brûlait d'arracher!

C'est vraiment une adorable fille, la plus loyale nature; elle m'a avoué sans détours qu'elle m'aimait.

Fort de cet aveu, voyant l'émotion la gagner, lisant dans ses yeux, dans sa voix émue un trouble qu'elle ne cherchait pas à me cacher, la hardiesse m'est venue, j'ai cru le moment arrivé, et j'ai oublié toute prudence.

Fou que j'étais!

A peine ai-je eu porté une main téméraire sur l'arche sainte qu'un regard plein de reproche et de douleur m'a fait hésiter.

J'avais été trop loin pour pouvoir reculer.

Je devais vaincre sous peine de ne plus jamais rencontrer une pareille occasion.

Alors j'appelai à mon aide les plus ardentes protestations; j'affirmais à grand orchestre mon respect, et je faisais mille efforts à la sourdine pour manquer tout à fait de respect; j'essayais de toutes les ruses, de toutes les séductions du langage, de toutes les promesses; mais rien, impossible de rien obtenir.

Je me suis heurté contre un *non possumus* virginal non moins immuable que celui de la cour pontificale.

Irrité, furieux, ivre de désirs, abruti par cette résistance désespérée, je ne fus plus maître de moi; la rage me prit au cœur.

Il fallait se hâter, car l'heure marchait et sa mère pouvait rentrer; je n'avais plus un instant à perdre.

J'employai la violence, et la lutte la plus horrible, la plus odieuse en vérité, s'engagea entre cette enfant et moi.

Comment a-t-elle pu m'échapper?

Ce frêle roseau, je devais le briser plutôt que de le perdre.

Ah! qu'elle était belle ainsi à demi nue, haletante, frémissante dans mes bras, ses vêtement en lambeaux, épuisée à force d'appeler sa mère à son secours!

Quand elle eut compris à sa lassitude que toute résistance allait devenir inutile, que ma brutalité aurait bientôt raison de son honneur, de ses sanglots, de ses prières, de son désespoir, elle recueillit ses forces pour une suprême tentative, elle s'arracha à mes étreintes, et elle s'enfuit à l'extrémité de la chambre.

Je m'élançai vers elle.

D'un geste plein de dignité, de terreur, la lèvre frémissante, l'œil en feu, elle me força de m'arrêter.

— Lâche! me cria-t-elle, qui outrage une femme, une femme sans défense, une femme à qui tu dois la vie! je suis perdue, mais mon sang retombera sur toi; car je jure sur ce christ que je ne survivrai pas à mon déshonneur! Assassin! Lâche assassin!

Puis, tombant à deux genoux sur le parquet devant l'image de ce christ qu'elle venait d'évoquer; se traînant avec des sanglots et des cris déchirants.

— Mon Dieu! mon Dieu! s'écria-t-elle, envoyez-moi la mort, mais sauvez-moi du déshonneur!

Je ne crains Dieu qu'en mauvaise santé; jamais Francesca ne s'était révélée à moi sous cet aspect de beauté souveraine; je m'élançai vers elle sans pitié pour ses cris, je l'enlaçai dans mes bras malgré sa résistance désespérée, mes lèvres brûlantes se collèrent sur ses lèvres, mes mains déchirèrent, mes pieds foulèrent les derniers obstacles qui protégeaient sa chasteté; elle allait être enfin à moi, bien à moi, quand ce Dieu qu'elle invoquait la tira des griffes de Satan.

Une voix appela de l'escalier.

— Francesca? Francesca?

Sa mère venait de rentrer; elle montait, Francesca était sauvée.

Malgré mon sang-froid en pareille occasion, cette fois j'avais la tête perdue.

Impossible de dissimuler. Le désordre de la chambre, de nos vêtements, tout m'accusait.

La retraite m'étant coupée du côté de la porte, j'ouvris rapidement la fenêtre et je sautai dans le jardin, ma foi je n'avais pas osé affronter la vue de la signora Néri-Doni; bien que j'en sois révolté, la vertu de ces deux femmes m'en impose.

A l'heure du dîner, j'ai été servi dans ma chambre par une vieille laveuse de vaisselle qui vient deux ou trois heures chaque jour faire les gros ouvrages.

Ce matin la même sorcière m'a remis un billet de la mère de Francesca, ainsi que les deux écrins renfermant les boutons d'oreilles en diamants offerts par moi.

La lettre disait :

« Monsieur, j'ai loué pour vous un appartement plazza San Martino, 10; on vous y
« attend.

« Votre servante,

« Veuve Néri-Doni. »

C'est sec, Francesca aura tout avoué.

La vieille laveuse d'écuelles est restée plantée comme un oison devant la lecture de la lettre ; je regarde cette mégère. Elle n'a pas dû être mal il y a une centaine d'années. Maintenant, trop de rides et pas assez de dents.

Je lui montre une pièce d'or; elle sourit.

— Ces dames sont sorties?

— Je ne sais pas, répond la vieille.

— Où sont-elles allées ?

— Je ne sais pas.

— Reviendront-elles aujourd'hui?

— Je ne sais pas.

Je ne tirerai rien de cette sorcière, je l'envoie me chercher une voiture.

En attendant son retour, je prépare mon bagage, il n'est pas lourd; mon épée, mon livre de messe et du linge.

La vieille revient, je lui donne dix louis et je saute en voiture.

Maintenant, cherchons Francesca.

Francesca à la signora Flavia Mariani, à Florence.

Milan, 1er juin.

Tu avais raison, cet homme est un misérable!

Et j'ai pu l'aimer!... Quelle honte !

Aujourd'hui, je le hais! mieux encore je le méprise! Sa pensée seule me fait horreur!

Ne m'interroge pas; ne me demande pas d'où vient ce changement; je ne pourrais te répondre. Imagine-toi ce que tu voudras; jamais ta pensée n'ira assez loin.

Je vais entrer au couvent; Dieu me fera-t-il la grâce de m'y rendre le repos de ma vie passée, l'oubli du présent?

Dans un an je prononcerai des vœux éternels.

Ma mère, à qui j'ai tout dit, s'incline devant ma détermination; mais avec quelle suprême douleur!...

Et il a suffi d'un homme pour troubler le calme, la pureté de notre doux intérieur, pour tuer le bonheur d'une famille; un homme que j'avais accueilli comme un frère, que ma mère avait soigné comme un fils!

O douleur éternelle! Eternels remords!

———

CARNET

Milan, 5 juillet, 4 heures.

Elle est au couvent! je l'aurais parié.

Orphée a tiré sa femme des enfers en pinçant sur sa lyre des airs d'Offenbach devant maître Pluton; je vais acheter une lyre aux cordes d'or et je pincerai tout ce que Pluton voudra pour rattraper mon Eurydice.

Je veux cette belle fille; je la veux. Elle sera à moi.

Abordons le taureau par les cornes; la signora Néri-Doni doit m'avoir en horreur, eh bien, c'est à elle-même que j'oserai demander sa fille. J'aime les coups d'audace.

———

CARNET

Milan, 5 juillet, minuit.

A la porte!

La signora Néri-Doni, la petite marchande mila... e m'a fait consigner à sa porte, moi, Robert d'Olonne.

La chose est vraiment risible.

Je suis piqué au jeu. Je veux réussir; je réussirai.

Quelque moyen qu'il faille employer, force, adresse ou ruse, je l'emploierai.

Tout me sera bon pour posséder Francesca.

On m'a refusé la porte; écrivons. Une lettre trouve toujours la porte ouverte. Écrivons donc.

« *A la signora Néri-Doni.*

« Madame,

« Entraîné fatalement, irrésistiblement par une violente passion que je n'ai pu maîtriser, j'ai dû vous paraître un monstre d'ingratitude et de lâcheté.

« Je n'avais pas attendu les marques de votre légitime indignation pour avoir horreur de ma faute, de mon crime.

« Si mon sincère repentir peut trouver grâce devant Dieu, devant vous, devant la chaste et pure jeune fille que j'ai indignement outragée dans un moment de délire, de folie qu'il faut attribuer à mon état de maladie, je vous supplie, je supplie la signora Francesca d'accepter l'offre de ma main et de mon nom.

« Ce n'est pas seulement une réparation que je lui offre, c'est l'engagement sincère que je prends de consacrer ma vie à son bonheur ; c'est la marque de respect la plus éclatante qu'il me soit possible de lui donner.

　　« Le plus humble de vos serviteurs,

　　　　　　　　　　« Vicomte ROBERT D'OLONNE. »

Epouser !

Epouser ! qui ? moi ? Cette fille de boutiquiers ?

Ah ! cette pensée bouffonne, cette promesse folâtre me font crever de rire.

———

La signora Néri-Doni au vicomte Robert d'Olonne.

　　　　　　　　　　　　Milan, 10 juillet.

　　Monsieur,

Vous êtes riche, ma fille est pauvre ; nous sommes du peuple, vous êtes noble ; tout nous sépare.

Je ne sais si ma fille accepterait l'offre de votre main ; mais je ne lui remettrai votre lettre que quand je connaîtrai la volonté et les sentiments de votre père sur un projet qui peut lui déplaire.

Jusque-là, restons complètement étrangers les uns aux autres.

Efforcez-vous d'oublier, je m'efforcerai de pardonner.

———

Le vicomte Robert d'Olonne à la signora Néri-Doni.

　　　　　　　　　　　　Milan, 11 juillet.

　　Madame,

Je ne veux rien oublier, ni le souvenir de vos bienfaits, ni ma lâche ingratitude.

Quant à votre pardon, je saurai le mériter, je m'attacherai à l'obtenir.

J'écris sur-le-champ à mon père et je vous envoie une copie de ma lettre.

Dès que sa réponse me sera parvenue, j'aurai l'honneur de vous la communiquer.

Mon père sait que je vous dois la vie ; je ne lui fais pas l'injure de douter qu'il pourrait placer ses sentiments de reconnaissance au-dessus des préjugés de race et de fortune.

Il vous a écrit pour vous remercier, il vous écrira encore pour vous demander la main de mademoiselle votre fille.

Copie de ma lettre à mon père.

　　« Monsieur,

« Je vous ai donné autrefois de nombreuses occasions de chagrin et de mécontentement, je viens aujourd'hui vous apporter un sujet de joie et d'espérance pour mon avenir.

« Vous avez souvent souhaité me voir marié pour que notre nom, illustré par nos aïeux, pût revivre dans vos petits-enfants, et pour mettre un terme à des folies de jeunesse qui se continueraient peut-être, hélas! si je n'avais rencontré pour me relever à vos yeux, aux miens, aux yeux du monde même, la plus chaste et la plus adorable des jeunes filles.

« Ai-je besoin de vous la nommer?

« Non, n'est-ce pas, mon père?

M. le vicomte Robert d'Olonne a demandé ma main à ma mère. (Page 44.)

« A quelle autre femme pourrais-je donner mon nom, consacrer ma vie si ce n'est à l'ange qui s'est dévoué pour me sauver?

« Sans elle, sans les soins de sa mère, le dernier rejeton de notre race s'éteignait sur la terre étrangère.

« Maintenant, souffrez que j'ose vous parler avec toute la loyauté que mon respect pour vous m'inspire, cette jeune fille n'est ni riche ni noble; mais sous le rapport de l'élévation des sentiments, sa famille est à la hauteur de la nôtre.

« Mon père, je vous supplie respectueusement d'accorder votre consentement à mon mariage.

« Votre réponse décidera de ma vie.

> « Votre fils dévoué et soumis,

> « ROBERT D'OLONNE. »

CARNET

À cette lettre, destinée à mon père, j'ai ajouté le post-scriptum suivant :

J'ai jugé aussi inutile que dangereux de le soumettre à l'examen de la signora Néri-Doni.

« Mon père, j'oubliais de vous prévenir que ces dames n'habitent plus la même maison ; si vous désiriez leur écrire directement, veuillez adresser vos lettres via Pia, 7. »

Grâce à ce stratagème, s'il plaisait à mon bonhomme de père de correspondre sans mon intervention avec belle-maman, sa lettre ne parviendrait pas à sa véritable destination. Elle serait remise via Pia à une fort jolie brunette très potelée, très rondelette et qui n'a plus rien à me refuser.

CARNET

Milan 25 juillet.

Quel flair j'ai eu ! Papa d'Olonne a écrit.

Il a écrit à la signora Néri-Doni, via Pia. Quelle lettre, miséricorde !

Comme j'ai eu raison de l'arrêter au passage.

O digne auteur de mes jours fortunés et de mes nuits plus fortunées encore, traites-tu assez cavalièrement ton fils chéri, le malheureux Robert !

Transcrivons sur notre carnet cette réponse mémorable :

> « *A la signora Néri-Doni.*

« Madame,

« Mon fils me demande mon consentement à son mariage avec mademoiselle votre fille.

« Deux motifs lui font craindre mon refus : vous êtes sans fortune et vous n'êtes pas noble.

« J'écarte tout d'abord le premier motif ; s'il n'y avait entre nous et vous qu'une question d'argent, elle serait déjà sous mes pieds.

« Il n'en est pas de même de la noblesse. Sur ce point, comme chef de famille, je n'ai pas le droit, quoique à regret, de pouvoir passer outre.

« Quand tout croule autour de nous dans notre malheureuse France, religion, royauté, famille, respect du bien d'autrui, il est d'un bon exemple qu'un coin de la patrie reste fidèle à tout ce qui rappelle la pure tradition de nos pères.

« Notre vieille Vendée a eu le bon esprit de peu apprendre des temps présents et de ne rien oublier des âges passés. On y conserve encore le culte des ancêtres et la vénération des grandes familles qui ont illustré le pays en servant leur foi et leur Roy.

« Je viens de relire notre arbre généalogique.

« Il date de la première croisade et, pas une ligne brisée, par une mésalliance n'en altère, n'en ternit la pureté.

« Quand j'avais vingt-cinq ans je devins éperdument épris d'une honnête jeune fille de bonne maison de la bourgeoisie, sa fortune était considérable; je lui préférai, d'après les conseils et la volonté de mon père, une femme pauvre que je n'aimais pas, mais dont la naissance égalait la mienne.

« Les hommes du jour disent : — Les affaires avant tout; les hommes d'autrefois disaient : — Le devoir au-dessus de tout.

« Le devoir de mon fils, je le lui ai tracé par mon exemple. Ce que j'ai fait, il y a près d'un demi-siècle, qu'il le fasse aujourd'hui.

« Je voudrais pouvoir clore cette lettre ici, sans y rien ajouter; mais l'honneur me force de vous éclairer. Vous avez sauvé mon fils, à mon tour, je viens sauver votre fille.

« Ce serait un triste cadeau à lui faire que de lui donner Robert pour mari.

« Je ne crois pas à la conversion de Robert, même par l'amour; mais je crois à sa duplicité et aux plus détestables machinations de sa part.

« Je demande chaque matin et chaque soir à Dieu, dans mes prières, de quelle faute il me châtie pour m'avoir donné un fils tel que le mien...

« Priez le ciel pour ne pas avoir un pareil gendre... j'allais dire un pareil monstre.

« Agréez, madame, la nouvelle assurance de mon profond respect et de mes sentiment de reconnaissance.

« JEAN, comte D'OLONNE. »

Il va bien, papa !

Tudieu ! comme il arrange son pauvre mouton d'enfant !

Si la signora Néri-Doni eût reçu cette épître, véritable préface d'une malédiction paternelle, il ne me restait plus qu'à renoncer à la possession de Francesca, ou à mettre le feu à son couvent, ce que j'aurais certainement fait.

Heureusement, votre petit Robert est prévoyant, et votre douce missive, la voici dans ma cheminée; il n'en reste plus que les cendres.

Ah ! père adoré, vous refusez votre consentement ? Alors ceci me décide; j'épouserai. Oui, par Dieu ! j'épouserai Francesca ! je ferai ce que ce matin encore, je trouvais grotesque; je me marierai.

Après tout, la belle affaire ! quand je serai las de la femme, je la renverrai chez belle-maman. A quoi servirait une belle-mère si ce n'est comme garde-meuble ou garde-fille abandonnée ?

Eh ! mon Dieu, oui, je planterai là ma sultane, et je reprendrai ma vie de garçon.

Maintenant, remplaçons le style épistolaire du chef des d'Olonne par le mien; soignons la chose.

« Madame,

« Votre fille a rendu à ma vieillesse un fils tendrement aimé; qu'elle soit bénie.

« Je serai heureux de la nommer mon enfant, et fier de lui voir porter le titre de vicomtesse d'Olonne; aucune femme n'y a plus de droits.

« J'aurais voulu que Dieu me laissât assez de forces pour aller en personne vous demander la main de mademoiselle votre fille; mais je suis vieux, accablé d'infirmités, cloué sur mon lit de douleur par la goutte, et j'ai peine à vous écrire au milieu de mes souffrances.

« Veuillez donc m'excuser et considérer cette lettre comme une demande, comme une visite de moi.

« Robert a commis dans sa jeunesse quelques fautes; il les a noblement réparées depuis, et je connais trop l'élévation de ses sentiments pour ne pas affirmer que sa femme trouvera en lui le plus tendre des époux, comme j'ai rencontré en lui le meilleur et le plus respectueux des fils.

« C'est donc avec une véritable joie que j'envoie mon consentement à ce mariage, et je vous demande la permission d'y joindre une parure pour ma chère belle-fille, je serai heureux d'apprendre qu'elle l'a portée le soir de ses noces.

« Agréez...

                              « JEAN, comte d'OLONNE. »

Hein? Est-ce assez gentiment troussé?

Je donne la goutte à papa et je le fourre au lit.

Je me présente comme un modèle de toutes les vertus patriarcales.

J'offre une parure à Francesca.

O Robert, que tu es grand et généreux! Tu vas te ruiner.

Ah! cher père, vous dénoncez ma duplicité, eh bien en voici un échantillon; car je ne veux pas vous faire mentir.

Adressons ma lettre à la signora Néri-Doni; cela fera sortir Francesca de son repaire sacré.

Une fois dehors, une fois revenue à la maison maternelle, une fois ma fiancée, il n'est pas possible qu'un heureux hasard, que je me charge de faire naître, ne me fournisse pas l'occasion de rester seul à seul avec la petite; alors, qu'elle crie ou se taise, elle sera à moi.

Ceci fait, plus ne sera besoin de mariage.

———

Francesca à la signora Flavia Mariani, à Florence.

                                        Milan, 30 juillet.

Un événement aussi important qu'inespéré va peut-être me rendre le repos et le bonheur, chère cousine.

M. le vicomte Robert d'Olonne a demandé ma main à ma mère avec les témoignages du plus sincère repentir; en même temps, son père a envoyé son consentement dans les termes les meilleurs.

Ma mère avait d'abord rejeté cette proposition, sans même m'en parler ; puis elle a pensé qu'en acceptant cette réparation elle assurait mon bonheur et mon avenir ; alors elle a cédé.

Elle a cependant mis à son consentement une condition que je ne puis trop approuver ; elle a décidé que je ne quitterais le couvent, où je me suis réfugiée, que pour me rendre à l'église et me marier.

M. Robert d'Olonne a dû céder, malgré son impatience de me revoir.

Quant à moi, je frissonne à la seule pensée de me retrouver en sa présence. Je suis pleine de confusion et je me demande comment j'oserai le regarder.

Et pourtant, ma chère Flavia, malgré la grave injure qu'il m'a faite, je l'aime, je n'ai pas cessé de l'aimer un instant, et son abandon m'eût rapidement tuée.

Il a été décidé qu'après notre union, nous resterions quelques mois à Milan auprès de ma mère ; c'est Robert qui l'a demandé comme une faveur, afin, a-t-il dit, que la sincérité de son repentir rassure ma mère sur mon bonheur à venir, et aussi pour ne pas la séparer de moi trop brusquement.

Cette extrême délicatesse nous a fort touchées, et elle n'a pas peu contribué à lui ramener le cœur de ma mère. Je ne parle pas du mien ! hélas ; il est à lui plus que je ne le voudrais.

Mon mariage aura lieu le 20 août prochain ; viens jouir de ma joie.

Je ne le fais voir qu'à toi et à ma mère.

CARNET

Milan, 29 juillet.

Je quitte la signora Néri-Doni. Elle a consenti à me recevoir après que je lui ai eu expédié la fausse lettre de mon père.

Transcrivons notre conversation.

— Madame, lui dis-je dit, en entrant et avec un trouble merveilleusement réussi, madame, je tiens avant tout à obtenir de vous mon pardon.

— Monsieur, me répondit-elle vivement avec un ton d'autorité que je ne lui soupçonnais pas et qui m'en imposa quelque peu, monsieur, je ne veux ni que vous vous excusiez, ni avoir à vous pardonner. Le passé ne doit pas seulement être oublié, rayé de notre mémoire : il doit ne jamais avoir existé.

Je n'ai à vous demander qu'une seule chose, c'est de rendre ma fille heureuse.

— Oh ! madame ! m'écriai-je ; ma mère !... ajoutai-je, comme emporté par l'enthousiasme...

Je fis mine de vouloir tomber à ses pieds ; elle eut le bon goût de m'arrêter. Je lui pris alors la main que je portai respectueusement à mes lèvres.

Elle a, ma foi, une charmante main, belle-maman, une main aristocratique, très douce, avec des doigts bien effilés. Eh ! eh ! belle-maman !... Tiens, tiens, ça serait drôle !...

En attendant, je lui ai renouvelé une foule de protestations, de serments aussi sincères que les serments que les candidats font à leurs électeurs.

La signora m'a remis une lettre d'elle pour mon père ; elle le remercie et elle lui témoigne, tous ses regrets de ce que sa santé ne lui permet pas de faire le voyage d'Italie.

Le jour de notre mariage fut aussitôt fixé; je le trouvai trop éloigné.

— Il ne peut en être autrement, me répondit la trop prudente mère; vous avez des papiers à faire venir de France, à produire à votre chancellerie, des publications de bans ici et en France; tout cela demande du temps.

Comme je cédais respectueusement sur tout ce qu'elle me demandait, j'espérais qu'elle se relâcherait de son rigorisme et qu'elle ferait rentrer sa fille au logis maternel; mais je ne pus rien obtenir.

Tout ce qu'elle m'accorda fut de pouvoir visiter ma belle fiancée au parloir de son couvent, en présence de sa mère, deux fois avant notre union; une grille de fer nous séparera.

J'ai pris congé de la signora.

Je lui ai baisé le bout des doigts en la quittant; eh! eh! ça ne m'a pas fait de peine.

Maintenant, comment arriver à me marier sans remplir aucune formalité légale?

Voilà qui ne va pas être facile.

Allons trouver Nédonchel que je n'ai plus revu depuis le fameux jour où il est venu me demander un spécifique contre la morsure des reptiles venimeux.

Allons chez Nédonchel.

CARNET

Milan.

Je quitte le petit baron.

Le début de notre entrevue a été manifestement à la glace du côté de Nédonchel.

— Cher ami, lui dis-je en l'abordant, et sans paraître remarquer son air froid, cher ami, je viens vous demander une série de services.

— Parlez.

— Je me marie.

— Mon compliment.

— Vous m'avez servi de témoin dans mon duel avec de Berg, voulez-vous me faire l'honneur d'être mon premier témoin le jour de mes noces?

Il sourit et répondit:

— Volontiers. Qui épousez-vous?

— La signora Francesca.

— Ah! votre sœur de Charité. Vous lui deviez cela. Elle n'a, je crois, aucune fortune?

— Aucune, mais je l'adore.

— Elle est si belle! Où vous mariez-vous?

— A Milan.

— Vous savez que la loi française entoure le mariage à l'étranger de certaines formalités spéciales?

— Je ne sais rien, au contraire; mais je compte sur vous pour me guider, car vous êtes un puits de science.

Second sourire du baron qui riposte modestement:

— Vous me flattez... Je ne suis pas dans les consulats depuis quelques années sans avoir, en effet, acquis quelque expérience. Voulez-vous que je vous mette au courant des formalités que je vais être forcé d'exiger de vous?

— Volontiers.

Nédonchel prit sur sur sa table un livre qui était une code civil très élégamment relié et doré sur tranches; il l'ouvrit, et commença ainsi son explication:

« ARTICLE 170. — Le mariage contracté en pays étranger entre Français et entre Français et étrangers, sera valable s'il a été célébré dans les formes usitées dans ce pays, pourvu qu'il ait été précédé des publications prescrites par l'article 63, au titre des *Actes de l'état civil*, et que le Français n'ait pas contrevenu aux dispositions contenues au chapitre précédent. »

« ARTICLE 171. — Dans les trois mois, après le retour du Français sur le territoire du royaume, l'acte de célébration du mariage contracté en pays étranger sera transcrit sur le registre public des mariages du lieu de son domicile. »

— Maintenant, continua le chancelier du Consulat, je vais vous donner lecture de l'article 63.

Et Nédonchel continua:

« ARTICLE 63. — Avant la célébration du mariage, l'officier de l'état civil fera deux publications, à huit jours d'intervalle, un jour de dimanche, devant la porte de la maison commune. Ces publications et l'acte qui en sera dressé, énonceront les prénoms, noms, professions et domiciles des futurs époux, leur qualité de majeurs ou de mineurs, et les prénoms, noms, professions et domiciles de leurs pères et mères. Cet acte énoncera, en outre, les jours, lieux et heures où les publications auront été faites. Il sera inscrit, comme il est dit en l'article 41, et déposé, à la fin de chaque année, au greffe du tribunal de l'arrondissement. »

— Parfait.

— En outre, il faut vous munir du consentement de votre père et de l'acte de décès de votre mère.

— Et si je n'étais pas en mesure de vous fournir l'une de ces pièces?

— Il me serait impossible de vous marier. Craignez-vous de ne pouvoir obtenir le consentement de votre père?

— Je l'ai entre les mains, répondis-je vivement.

Je mentais; mais j'imitais tellement bien l'écriture de mon père que j'étais sans inquiétude sous ce rapport; quant à la légalisation de cette signature, je la falsifierais sans difficulté.

— Avez-vous l'acte de décès de votre mère?

— Oui.

Cette fois, je disais vrai. Le baron reprit:

— Il ne reste plus que les publications à la maison commune du village où se trouve le château de votre père.

Là était toute la difficulté.

Impossible de faire une pareille publication dans le village et sous les yeux de mon père, maire de sa commune, sans le mettre immédiatement au courant de mon mariage, et sans renverser tous mes projets immédiatement.

Il fallait donc passer outre ou renoncer à épouser Francesca.

J'étais très inquiet.

Le baron s'en aperçut et reprit.

— Puisque votre père vous a donné son consentement, d'où vient que vous paraissez troublé? Ces publications seront d'autant plus faciles à faire que votre père lui-même s'en chargera.

Je cherchais une réponse, un mensonge, le tout me vint enfin, et je me hâtai de répliquer:

— Tout cela est vrai, facile, cher ami; mais vous comptez sans cette maudite réputation dont vous me parliez dernièrement.

— Quelle réputation?

— Celle d'homme à bonnes fortunes.

— Quel rapport peut-il y avoir entre la réputation d'homme à bonnes fortunes et des publications légales pour un mariage à la porte d'une mairie?

— Le plus grand rapport, et vous allez le comprendre sur-le-champ. Ecoutez ma confession. En quittant la Vendée, j'ai laissé, dans les manoirs du voisinage, un certain nombre d'Ariane à qui j'ai promis le mariage...

Nédonchel se mit à rire, et s'écria:

— Et les malheureuses, en apprenant votre trahison, par la voie des publications légales, vont se mettre à votre poursuite?...

— Précisément. Des pleurs, des menaces, des duels avec les pères ou les frères; tout cela, mon bon Nédonchel, va m'attirer les plus sérieux embarras, et faire manquer mon mariage.

— C'est probable, mais je n'y puis rien.

— Bah! En vous passant de la formalité des publications?

— Impossible! Je serais destitué.

— Que vous importe? avec les cent mille livres de rente que votre oncle vient de vous laisser, vous ne devez pas tenir beaucoup à votre place?

— Je n'y tiens pas du tout; je songe même à donner ma démission, et à reparaître sur le bitume des boulevards de Paris, maintenant que ce pauvre oncle dort au Père-Lachaise.

— Alors, vous voyez?

— Oui; mais le code pénal frappe l'officier public qui marie sans accomplir toutes ces formalités.

— J'insistai plus vivement encore en le voyant un peu ébranlé. Je lui dis:

— Voyons, mon cher Nédonchel, je comprendrais votre crainte si quelqu'un pouvait vous trahir ou attaquer plus tard ce mariage; mais ici, vous n'avez rien à redouter de tous ces dangers. Ce n'est ni Francesca ni sa mère qui réclameront, vous le savez fort bien; de mon côté, qui pourrait se plaindre? Ce n'est pas mon père, puisque je vous remettrai son consentement dans lequel il exprime sa joie de ce mariage qui doit me corriger; c'est encore moins moi, moi qui adore Francesca? Dès lors, le secret vous sera bien gardé par tous les intéressés.

— Au fait, murmura le baron, personne n'a intérêt à faire casser le mariage... Aucun danger.

En ce moment, le baron se mit à me regarder en riant, puis il reprit:

— Voulez-vous faire un marché avec moi?

— Lequel ?

— Je passe par-dessus les irrégularités de votre situation, et je vous marie...

— Merci.

— Attendez. Je vous marie; mais à la condition que vous allez, à l'instant même, me livrer le secret du fameux antidote. Donnant, donnant.

Le Dôme (Cathédrale de Milan.)

Je restai un instant stupéfait.

Nédonchel répondit de nouveau en riant :

— Donnant, donnant, mon cher.

Ma première pensée avait été de refuser; rien n'était plus loyal, puisque je ne savais rien.

D'un autre côté, si je repoussais la proposition du baron, mon mariage était noyé.

Ma foi, tant pis pour Nédonchel! Pourquoi est-il si bête?

Qu'il soit fait selon ses vœux!...

Je lui engage alors sérieusement ma parole d'honneur qu'avant la fin de cette journée,
je lui aurai remis, sous pli cacheté, une copie du mystérieux antidote.

J'ai un vieux livre de médecine; je chercherai, je copierai. Quoi?

Que le diable m'enlève si je le sais.

Je quitte Nédonchel qui danse de joie.

Il attend mon secret avec la plus ardente curiosité. Pauvre garçon!

J'ai sa promesse que notre mariage ne subira aucun retard. Voilà l'essentiel.

CARNET

Milan.

J'épouse Francesca dans deux heures.

Sa mère vient de sortir pour la chercher à son couvent.

Je donnerais dix ans de ma vie pour entendre sonner minuit!

Et belle-maman qui parlait soirées de bal; j'aurais assassiné le danseur qui eût osé toucher à ma femme. Ma femme!

Voilà un mot qui m'écorche la langue et les oreilles.

La femme des autres, c'est bon, ça; mais ma femme!... Quelle dégringolade!

Je vais donc rouler du mât de cocagne du célibat dans les fondrières du mariage.

Je n'ose plus me regarder dans une glace sans me rire au nez.

J'ai tant semé de cornes sur ma route que je crois déjà sentir pousser les miennes.

On sonne. Ah! c'est la voix de Nédonchel; il est exact.

CARNET

Milan.

Une heure plus tard.

Ma noce a bien failli sombrer! Quelle aventure!

Je vois entrer Nédonchel chez moi; il paraît furieux sa figure est bouleversée.

Je remarque en outre que sa mise est plus que négligée, je m'empresse de le lui faire voir, et je m'écrie;

— Etes-vous fou, cher ami? Nous allons partir dans quelques minutes. Courez au plus vite passer un habit.

Le petit baron, rouge de colère, me répond en plantant son chapeau sur sa tête!

— Passer un habit! moi? Je viens vous passer mon épée au travers du corps.

Je prends la chose gaiement, et je riposte:

— Ça me gênerait pour la première nuit de mes noces.

— Je ne plaisante pas, monsieur, fulmine mon premier témoin; vous m'avez indignement trompé.

Je pense aussitôt à mon mariage, au faux consentement de mon père, aux publications de bans; je crois que Nédonchel a découvert toutes mes ruses, toutes mes perfidies, et qu'il vient me les reprocher.

Je balbutie quelques excuses; je rejette mes fautes sur l'excès de mon amour...

— Eh! monsieur, hurle le furieux, il s'agit bien de votre amour et de votre mariage!... Il s'agit de votre recette!...

— Hein ?

— De votre antidote !

— Ah !

— Vous m'avez abusé... Vous m'avez livré un faux secret.

— Vous croyez ?

— Je n'en suis que trop sûr !

Et le petit baron arpente ma chambre avec rage, donnant des coups de pied à tout ce qui se trouve sur son passage.

J'ai fort envie de rire; mais je comprends que le moment serait mal choisi, et je remets à d'autres temps plus opportuns mes accès de gaieté.

Pour calmer la frénésie de Nédonchel, je lui rappelle le joli couplet de Béranger qu'il m'a chanté, et je lui promets le pendant.

— Voyons, fait-il.

— Mon pauvre ami, lui dis-je, avant de vous fredonner cette vieille chanson, qui a fait les délices de nos pères, je suis forcé de vous conter une petite historiette.

— Faites, murmure le chancelier qui se jette en grognant dans un fauteuil.

— Voici : François de Harlay de Chanvalon, archevêque de Paris en 1695, était d'humeur fort galante. Au nombre de ses maîtresses les plus connues, la malignité publique plaçait au premier rang la dame de Bretonvilliers, la petite Varenne, une belle fille surnommée *La Cathédrale*, et la marquise de Gourville, sœur du maréchal de Tourville.

Or, au moment où le galant prélat se disposait à recevoir saintement le chapeau de cardinal, un chansonnier eut le droit d'égayer le tout Paris de 1695 avec ce couplet un peu léger qui courut les ruelles et les boudoirs, mais qui mit Louis XIV d'assez mauvaise humeur.

> Sire, dedans votre ville,
> On parle d'un grand malheur ;
> La sacrilège de Gourville,
> A gâté notre pasteur.
> La donzelle n'est pas saine,
> Le prélat en a dans l'aine....
> . . . .

— Eh ! monsieur, que m'importe votre archevêque ? Que m'importe votre marquise ? Vous m'avez berné, joué, mystifié !

Je pris alors un ton sérieux, et, de l'air le plus pénétré, je lui dis avec une émotion parfaitement réussie :

— Mon cher Nédonchel, je ne pensais pas que vous me feriez jamais l'injure de douter de mon amitié. Je ne vous ai pas trompé. Seulement, troublé par les apprêts de mon mariage, j'ai oublié une des prescription les plus essentielles, je m'en confesse.

— Quoi donc ? demanda le baron.

— J'aurais dû vous avertir que cet antidote héroïque n'avait d'action que quand il avait vieilli, comme le bon vin, un peu longtemps en bouteille. Il lui faut au moins six mois de verre.

— Ah ! malheureux ! s'écria Nédonchel ; maudit étourdi !

— Vous m'en voulez encore ?

— Plus du tout, dès qu'il s'agit d'un simple oubli.

— Alors, vous allez me marier ?

— Quand ce ne serait que pour me venger, fit le petit baron en riant bruyamment.

— Alors, courez mettre un habit.

— Sur-le-champ, et, dans une demi-heure, je suis de retour; faites patienter votre monde, Nédonchel me quitte.

J'ouvre un instant ma fenêtre; mon Dieu! que de têtes pour me passer tout à l'heure en revue.

Les voitures de gala sont à ma porte; mes chevaux, richement enrubannés, piaffent d'impatience, et mes laquais vont et viennent avec un gros bouquet blanc au côté.

Ça me donne l'envie de me poser un petit bouton de fleur d'oranger à la boutonnière.

Francesca et sa mère doivent nous attendre avec impatience et inquiétude.

Enfin on annonce Nédonchel, fermons mon carnet, et...

Et, ma foi, allons à ma noce!

CARNET

Milan, 5 heures du soir.

J'ai donné ce matin la comédie au bon peuple de Milan.

Tous les cornari de la ville étaient sur leur portes, toutes les coquettes à leurs fenêtres pour nous voir passer; je ne croyais pas Milan si peuplé,.. ni si boisé.

Je n'ai encore goûté qu'aux femmes des autres, je vais savoir cette nuit si un mets légitime est plus savoureux.

Bonsoir et *buona nocte*, mon cher vicomte.

CARNET

Milan.

Le lendemain matin, après ma première nuit de noce.

Quoi! ce n'est que cela!...

CARNET

Milan.

Deux jours après.

Quelles bégueules que les femmes honnêtes!

Au moindre attouchement, crac, leur pudeur s'effarouche et se gendarme.

Ah çà! croient-elles donc que les bébés sont le produit des croisements du lis immaculé avec un bouton de l'oranger?

Ah! comme ça me fait comprendre le voluptueux Néron chassant de son lit impérial la vertueuse Octavie et la remplaçant par la débauchée Poppée; parce que, nous apprend Bayle — « Les plaisirs permis lui paraissaient peu de chose en comparaison des plaisirs illégitimes. »

Un raffiné en voluptés, ce doux Néron!

A quoi sert la beauté plastique si la femme vous la voile?

A quoi me sert d'avoir sacrifié ma liberté de garçon pour posséder ces merveilles, si ma femme les renferme et refuse la clef?

Je n'ai cependant pas envie, pour charmer mes yeux, de courir au musée des Antiques admirer une Vénus de bronze ou une Galathée de marbre.

Depuis deux jours, ou plutôt deux nuits, c'est entre ma femme et moi une lutte sans trêve... mais non sans charme.

Le soir venu, je l'emmène toute rougissante dans le délicieux nid capitonné de blanc et de rose dont j'ai fait notre berceau d'amour.

Là, nous attend un coucher de sybarite enfermé dans l'ébène aux tons noirs qui font si bien ressortir l'ivoire du corps; j'avais demandé des draps de satin noir, mais on n'en fabrique pas. Ah! que les négociants sont routiniers!

Je renvoie la femme de chambre.

C'est moi-même qui me charge du soin de faire tomber les épingles et les boutons, et chaque cordon dénoué livre à ma vue les merveilles de ce royal écrin.

Des flots de cheveux se déroulent sous mes doigts frémissants et descendent voluptueusement sur le marbre des reins comme un long manteau d'empereur romain; les seins palpitent, les lèvres sont brûlantes, les désirs de l'un répondent aux désirs de l'autre; mais, lorsque enivré par la contemplation de tant de richesses, ma main s'égare, soudain, comme une chevrette effarouchée, ma femme s'enfuit pleine de chastes alarmes, de supplications et de reproches.

Par bonheur, la retraite, c'est l'alcôve où se signe la paix et le pardon du criminel.

CARNET

Milan.

Il faut que Francesca soit bien belle, bien séduisante, voilà dix jours que je suis son mari, et je n'en suis pas encore las.

Je m'admire.

Francesca à la signora Flavia Mariani, à Florence.

Milan.

Chère cousine,

Tu me reproches de t'avoir à peine écrit depuis six mois que je suis mariée, et tu veux savoir si je suis heureuse.

Heureuse!... Est-ce que je le sais?

J'aime mon mari autant qu'il est possible d'aimer.

Mais lui, m'aime-t-il?

Certes, Robert est à l'affût de mes moindres désirs; fantaisies, caprices, il satisfait tout cela rapidement et luxueusement; mais son cœur n'est pas tout entier à moi.

Je suis propriétaire d'un fragment de ce cœur banal qui s'éparpille, qui s'émiette entre toutes les femmes qui passent sous les yeux de Robert.

Malgré lui, même quand je suis à son bras, même quand il se surveille pour ne pas m'affliger, ses regards, son émotion, le son de sa voix, un tressaillement involontaire, tout me révèle une infidélité du cœur au passage de chaque jolie fille.

Peut-être tous les hommes sont-ils ainsi.

J'en suis arrivée à être jalouse et à souffrir; mais je cache avec soin ma jalousie, car une plainte ennuie un mari, des reproches l'éloignent.

Ma tendresse si dévouée ne lui suffit pas; il m'accuse d'être de marbre, et je t'assure qu'il est injuste. Parfois, il me laisse entendre de ces choses que je n'oserais te répéter.

Comment donc aiment ces femmes qu'il semble quelquefois regretter?

Quelles jouissances offrent-elles pour savoir se faire adorer si puissamment qu'on ne puisse plus les oublier quand on les a connues?

Existerait-il, ainsi que le chuchotent à mes oreilles certaines dames âgées, existerait-il d'autres joies que celles permises par l'Eglise entre femme et mari, et si ces joies existent, quelles peuvent-elles être?

Le mariage n'offrirait-il qu'un champ trop limité de plaisirs légitimes, tandis qu'entre amant et maîtresse ce champ n'aurait pas de frontière?

Je m'interroge en vain, n'osant interroger Robert.

Je l'aime tant, je voudrais tant le retenir auprès de moi, je crains si fort de le voir sortir de mes bras inexpérimentés pour passer dans des bras plus savants que je suis prête à lui obéir en tout ce qu'il peut désirer. C'est peu encore, je voudrais aller au-devant de ses désirs; mais pour les deviner, il faut que je sache; qui m'instruira?

Lorsque j'étais jeune fille, et jusqu'au soir même de mon mariage, je pensais que l'amour consistait en des pressions de mains, de longs regards de tendresse échangés, même en de chastes baisers et des caresses plus chastes encore; mais jamais l'idée ne m'était venue des mystères auxquels j'ai été tout à coup brutalement initiée.

Ça été pour moi un monde nouveau, une révélation.

Je ne m'en plains pas, pourtant.

Y a-t-il au delà encore autre chose? Si cela est, qu'est-ce que cela peut être? Je ne suis plus une jeune fille, je suis jeune femme, et quatre mois, dit-on, ne se passeront pas avant que je devienne une heureuse mère; le mariage m'a enseigné une manière d'aimer que j'ignorais, si tu en connais une autre encore, intruis-moi.

Tu as deux ans de ménage de plus que moi, ton mari t'aime, tu en es folle, tu dois en savoir plus long que moi; fais-moi part de ton expérience.

Ne te fie même pas à tes seules connaissances, interroge ton mari, puis éclaire-moi. Je suis prête à tout pour conserver l'amour de Robert.

CARNET

Milan.

Grand Dieu! que je m'ennuie!

Voilà huit mois que je suis attelé à une seule femme.

Il me semble lire toujours le même roman, voir le même drame, entendre le même opéra et jamais un changement de décor.

Ah! si fait, un changement!... un changement... qui grossit, mais n'embellit pas.

Je vais devenir père.

Oh! mon Dieu, moi, père oui, père à moi tout seul, sans partage; car Francesca est bien la plus vertueuse des femmes, ce dont je la plains de tout mon cœur. C'est un grand malheur pour la pauvre brebis qu'un funeste hasard l'ait placée sur la route du loup.

Une femme vertueuse à moi, à mon bras, dans mon lit; oh! l'infortunée! autant placer la perle de la fable devant le grouin d'un pourceau.

Malgré moi je subis l'étrange fascination qu'exerce sur tout ce qui l'approche cette âme candide, loyale et dévouée; mais d'aussi chastes natures ne peuvent captiver longtemps des tempéraments de feu comme le mien; c'est la lave d'un volcan à côté d'une chaufferette.

Ah! malheur, malheur à l'honnête femme qui lie sa vie à la vie d'un libertin!

Francesca à la signora Flavia Mariani, à Florence.

Milan.

Chère cousine,

Comment oser t'écrire ce que j'ai à t'écrire?

Comment oser te dire ce que je dois te dire?

Cache cette lettre à tout le monde, cache-la à ton mari; si quelqu'un lisait ce que je vais te confier, je ne pourrais plus lever les yeux sur cette personne.

Fais mieux, brûle ma lettre, efface à tout jamais cette révélation de ma honte, ce souvenir de la plus épouvantable nuit.

Tu te rappelles tous les points d'interrogation de ma dernière lettre; tu y as répondu avec une certaine ironie, en m'affirmant que ma science était aussi grande que la tienne et qu'il n'y avait pas deux procédés pour confectionner des bébés, objectif et but suprême du mariage.

Tu te trompais, heureuse femme!

J'ai à te confier ce secret, j'ai besoin d'épancher ma douleur dans ton cœur, et, tu le vois, j'hésite, je crains de faire un pas en avant, je m'arrête avant d'avoir rien dit. C'est tellement monstrueux!

Est-ce donc là un des mystères du mariage?

Dans mon ignorance de jeune fille, je l'avais rêvé si beau, si pur, si idéal.

Serait-il possible que d'autres maris que Robert témoignassent ainsi leur amour?

Serait-il possible que de pareilles tendresses fussent sollicitées et obtenues?

Robert affirme que oui; ma raison révoltée répond avec énergie, non.

Ah! j'étais une insensée le jour où je t'ai écrit que, pour conserver l'amour de mon mari rien ne m'effrayerait!

J'étais encore plus insensée la nuit où, tremblant de le voir chercher dans la couche d'une étrangère des joies que je ne savais pas donner, je lui ai fait comprendre en rougissant que rien ne me coûterait pour satisfaire tous ses désirs.

Pouvais-je deviner ce qu'étaient les désirs de certains hommes?

A mon aveu, murmuré tout bas, Robert est devenu plus tendre, plus enflammé que je ne l'avais encore vu, je me suis sentie tout à coup fascinée, enivrée, mais aussi, outragée, épouvantée, honteuse.

Je me suis enfuie de ce lit avec horreur, avec dégoût, je suis tombée à genoux, j'ai demandé pardon à Dieu pour moi, pour Robert; Dieu a vu mes larmes, il a entendu mes sanglots, mes prières, il nous pardonnera, il m'épargnera de pareils attentats.

CARNET

Milan.

Je viens de prévenir Francesca que la santé de mon père exigeait mon prompt retour en France.

Une fois à Paris, quand elle me reverra, nous aurons depuis longtemps, elle et moi, une auréole de cheveux blancs.

Francesca voulait m'accompagner.

Elle m'a supplié avec des larmes en assez grande quantité pour alimenter notre aquarium, elle m'a supplié de lui permettre de m'accompagner.

J'ai refusé. Je pars seul. J'ai prétexté sa grossesse.

Je ne veux pas, ai-je répondu en mari prudent et amoureux, je ne veux pas que tu compromettes ta santé ni la vie de notre enfant.

Francesca s'est résignée.

Mon père habite Paris une partie de l'année depuis la mort de sa sœur, la marquise de Challans qui lui a légué son magnifique hôtel de la rue de l'Université. Mon père occupe les grands appartements du milieu; je me contenterai d'une aile, la droite ou la gauche, à son choix.

Là je vivrai libre, indépendant, en garçon, puisque mon mariage est ignoré de ma famille, et je boulevarderai.

Je quitte Milan dans trois jours, c'est fameusement long.

Et dire qu'il y a un an j'aurais payé de mon sang un tête-à-tête d'une heure avec Francesca.

Ah! c'est qu'alors ma femme n'était pas ma femme.

———

Francesca à Robert d'Olonne, à Paris.

Milan.

Mon Robert adoré,

Voici tantôt un mois que tu m'as quittée, et le seul souvenir que tu aies donné à celle qui ne vit plus que par toi, c'est un bref télégramme m'annonçant ton arrivée, rue de l'Université à Paris.

Depuis lors, rien.

Une ligne de ta main, je t'en prie, mon Robert! fais moi l'aumône d'une ligne, d'une phrase d'un mot!

Si tu savais comme je suis tourmentée.

Je ne sais que penser. Es-tu malade?

Aurais-tu trouvé ton père en danger de mort?

Au nom du ciel, au nom de notre amour, du cher petit être que je porte dans mon sein, ne me laisse pas plus longtemps avec cette mortelle inquiétude.

Je voulais partir te rejoindre, ma mère m'a retenue, elle m'a décidée à t'écrire; pauvre mère, elle a eu peur pour moi, elle a craint la fatigue du voyage, car ma santé est fort altérée.

Assurément je n'ai pas le droit d'exposer ma vie en cemoment, elle appartient à notre enfant : cependant, si je ne reçois pas de nouvelles de toi, je pars.

Je ne puis croire que tu ne m'aimes plus; mon cœur, mon âme, mon être tout entier sont à toi.

Robert à Francesca.

Paris.

Chère bien-aimée,

Ne viens pas.

Ne viens pas, parce que tu ne me trouverais pas,

Je suis forcé de retourner en Vendée afin d'y régler et surveiller de nombreux intérêts.

A ses cris Césarine est arrivée. (Page 63.)

Je n'ai pu trouver un moment de liberté pour t'écrire; la faute n'en est pas à moi, mais à mon père. D'abord sa maladie m'a causé beaucoup d'inquiétude, puis comme il ne lui était pas possible de s'occuper par lui-même de certaines graves affaires dont il ne voulait pas charger un étranger, il me fallut le remplacer, et faire plusieurs voyages au pays vendéen.

Au retour, des chiffres, des parchemins, des comptes à examiner, des visites aux hommes d'affaires, mille ennuis et mille tourments.

La santé de mon père s'améliore, la mienne est excellente'; ne t'inquiète donc pas.

Dès qu'un procès fort important pour nous sera jugé, j'irai te chercher et je pourrai enfin, comme je le désire si vivement, te présenter à mon digne père qui attend sa chère belle-fille avec grande impatience.

D'ici là, pas d'imprudence surtout. Songe à notre enfant.

J'aurais quelque peine, je l'avoue, à te pardonner si tu compromettais sa vie par une étourderie, un voyage.

Reste donc auprès de ta mère.

Je ne veux pas te dire aujourd'hui combien je t'aime ; je me réserve le bonheur de te le prouver.

CARNET

Paris.

La sotte ! Venir ! La belle équipée !

De faux voyages en Vendée, un faux procès, une fausse maladie de mon père, de fausses protestations d'amour, à l'aide de ces petites manœuvres, j'amuserai le tapis jusqu'à la délivrance de Francesca.

Après, nous verrons. D'ici là, je vis en garçon.

J'habite l'aile gauche de l'hôtel paternel. Je l'ai bouleversé. J'ai remplacé les meubles antiques par le plus luxueux des mobiliers ; ma livrée or et bleu a beaucoup de chic, et quand je ne change de maîtresse qu'une fois par jour, mes amis prétendent que je me dérange.

Chaque matin, à mon réveil, mes yeux s'arrêtent sur un joli minois ; à midi, quelques amis et amies viennent partager mon déjeuner et mes cigares ; à quatre heures, je conduis mes deux trotteurs à grandes guides au Bois, et je vais au retour dîner à mon cercle ou au café Anglais après avoir ... devardé la durée de deux ou trois cigarettes.

Le soir, je me montre un instant aux Italiens ou à l'Opéra dans quelques loges bien endiamantées ; je paye cinq à six louis mon fauteuil aux premières des maîtres du théâtre, et je termine ma soirée dans un des cabarets à la mode en compagnie d'une douzaine de viveurs comme moi, escortés par autant de belles petites.

Telle est mon existence parisienne.

Un dernier coup de brosse pour terminer ce tableau de chevalet : je suis amoureux !

Oh ! mais, là, très amoureux !

Et de qui, grand Dieu ?

J'ose à peine me l'avouer.

Je suis amoureux d'une ancienne maîtresse à moi, — il y a récidive, — le cas est plus grave ; amoureux d'une femme que j'ai chassée, que j'ai cravachée !

Je suis amoureux de Césarine !

Étrange abîme que le cœur humain !

J'ai battu cette femme, je me suis battu pour elle, j'ai été las, rassasié, écœuré, saturé de sa possession, et m'en voici plus amoureux que Roméo ne l'était de Juliette, plus jaloux qu'Othello ne le fut de Desdemone.

Je me demande à cette heure si j'ai même jamais cessé d'aimer cette femme.

Ah ! c'est qu'aussi ce n'est pas la première venue.

Je suis un sot de ne pas avoir deviné cette brillante nature d'artiste, cette âme d'élite, ce diamant que, le premier, j'ai tiré de sa gangue.

Il a fallu l'immense succès de cette comédienne sur l'une des principales scènes de genre de Paris pour faire tomber les écailles de mes yeux; jusque-là je n'avais vu en elle qu'une petite cabotine, une grue.

J'étais à peine de retour que j'entendais chuchoter partout à mes oreilles, sur les boulevards, au Bois, au cercle, le nom d'une nouvelle étoile qui faisait salle comble au *Vaudeville;* on la nommait: Mademoiselle Flamant.

Flamant !

Très bien, me disais je, j'irai applaudir cette fille un soir que je n'aurai rien de plus mal à faire.

Ce jour arriva et, à ma profonde stupéfaction, je reconnus Césarine; non plus la Césarine des temps passés, gauche, timide, empruntée, n'osant lancer ses effets au delà de la rampe; mais une merveilleuse artiste, vive, alerte, tour à tour rieuse ou passionnée, naïve ou scélérate, grande dame du meilleur monde ou du plus mauvais, caressante ou terrible, lascive ou puritaine, magnétisant son public, le dominant, l'empoignant, le forçant à l'admiration, et arrachant aux plus blasés des exclamations d'enthousiasme et des applaudissements frénétiques.

Quels progrès ! quelle science ! comme elle compose, comme elle fait vivre son personnage! quel charme ! quel génie !

Je suis sorti du *Vaudeville* ravi, émerveillé, enfin tout à fait pris.

Cette nuit-là, j'ai couché seul, seul avec la pensée, avec le souvenir de Césarine.

Le lendemain matin je lui ai envoyé mon compliment dans un petit billet accompagné d'un bouquet de six louis, et d'un écrin sorti des ateliers d'Alphonse Trélat, le plus merveilleux ciseleur de bijoux parisiens.

Une heure après, fleurs, lettre et diamants me revenaient sans un seul mot de réponse; Césarine me renvoyait le tout,

Piqué de ce procédé, je me présentai hardiment à la grille de son petit hôtel, avenue Friedland aux Champs-Elysées.

— Madame est-elle chez elle? demandai-je au concierge.

— Oui, monsieur.

— Reçoit-elle?

— Oui, monsieur.

Je gravis le perron, un valet s'avança.

— Madame est-elle visible?

— Oui, monsieur.

— Puis-je lui parler?

— Je le pense. Si monsieur veut bien me remettre sa carte?

— La voici.

Le domestique s'éloigne.

Je jette un regard rapide autour de moi, quel luxe !

Une brillante véranda; les plantes de serre les plus rares; autour de moi, les merveilles de Sèvres mêlées avec goût aux vases du Japon et aux plus belles potiches de la Chine.

Mon examen est interrompu par le retour du laquais qui me dit :

— Madame regrette de ne pouvoir recevoir monsieur.

En ce moment j'entends rire bruyamment dans les appartements; on s'y moque sans doute de moi.

La colère me prend; je dis au domestique.

— J'ai absolument besoin de parler à votre maîtresse, allez lui dire que je tiens à la voir.

Le valet s'éclipse de nouveau.

Cette fois je n'examine plus rien autour de moi, je me promène de long en large avec impatience, avec irritation.

Le laquais rentre et me dit avec une mauvaise humeur marquée :

— Madame ne recevra plus personne aujourd'hui.

Et le drôle ouvre la porte pour m'indiquer que je n'ai plus qu'à sortir.

Un mouvement de rage me saisit, il me prend une envie immodérée de casser une canne sur les épaules de ce faquin qui me regarde d'un air narquois; mais je réfléchis que je n'ai pas de canne sous la main et que je m'exposerais à recevoir une admirable roulée; car mon adversaire est bâti comme devait l'être feu Hercule, Césarine choisit bien ses heiduques.

Je gagne la porte, une idée m'arrête, je prends un billet dans mon porte-monnaie et je le montre au valet en lui disant :

— J'ai la vue basse, de combien est ce billet ?

— Cinq cents francs.

— Jolie somme, hein ?

— Le double est encore plus joli, me répond le cerbère en livrée avec un air demi-malin.

— Très juste, la réflexion.

Et je tire un second billet de même valeur, puis j'ajoute :

— Si je te donnais les deux ?

Il hésite et répond.

— On ne donne rien pour rien.

— Très vrai. En échange de ces deux billets, je te demande peu chose, de me laisser entrer.

— Impossible, monsieur, ma place vaut plus de mille francs.

— Je t'en promets une meilleure encore chez moi.

— On sait ce que l'on quitte, riposte le faquin, on ne sais pas ce qu'on prend.

— Alors, faisons mieux. Tu gagneras ces mille francs et tu ne seras pas compromis.

— Comment cela ?

— Tu vas te laisser administrer par moi une demi-douzaine de horions... assez inoffensifs... tu riposteras... pour la forme seulement, car je ne tiens pas à porter ta marque de fabrique; tu tomberas... tu crieras... tu appelleras au secours... ta maîtresse arrivera, et je me charge du reste.

Le porte-livrée hésita, mais enfin il reprit :

— C'est trop hasardeux!... je refuse... Maintenant je prie monsieur de sortir, il me ferait gronder.

Je pirouettai sur mes talons; mais, au moment de franchir la porte, je rappelai de l'œil ce gardien trop sévère.

— Écoute, lui dis-je à demi-voix, je veux absolument causer avec ta maîtresse; voici ma carte. Le jour où tu pourras me faire pénétrer auprès d'elle, il y aura mille francs pour toi. Donne-moi du feu pour allumer mon cigare?

Je regagnai mon coupé.

Césarine Flamant à madame Victoire Mareux, couturière, à Villers-Cotterets (Aisne).

Paris,

Chère sœur,

Un de mes plus grands chagrins a été de te voir quitter Paris presque au moment où j'y rentrais; mais ton mari a voulu retourner dans son pays natal, et, comme toujours, tu as cédé pour éviter de mauvais traitements.

Le voici donc contremaître dans une de ces importantes carrières de pierre établies auprès de la rivière d'Ourcq et de son canal.

S'il se conduit bien, s'il m'offre des garanties de moralité, je suis toute disposée, comme il me le demande, à lui fournir des capitaux qui lui permettront de devenir l'associé de ses patrons; mais, malgré ses serments à jeun, j'ai grand'peur que la débauche et l'ivrognerie ne le rejettent dans la misère et dans la fange. Il y a, malheureusement pour les ouvriers, des cabarets partout, et l'on a tout aussi soif à la campagne qu'à la ville.

Ne t'inquiète plus sur le sort de tes enfants, je me charge de leur avenir.

Émile travaille avec ardeur dans la pension où je l'ai placé, et la supérieure du couvent est fort contente de Marie. Ils viennent dîner tous les dimanches chez moi; ces jours-là, je ne reçois qu'eux.

Quant à toi, sœur chérie, si tu as besoin d'argent, ma bourse t'est ouverte, ou plutôt elle est la tienne autant que la mienne. Puise dedans sans compter.

Lorsque tu n'avais qu'un morceau de pain, jadis, tu faisais mieux que de le partager avec moi, tu t'en privais pour ta jeune sœur; aujourd'hui, je réclame ma revanche, ma fortune c'est la tienne. Honorine est chargée de te remettre quatre mille francs.

Seulement, pas un mot de ceci à ton mari; le malheureux mettrait à sec la Bourgogne et la Champagne.

Maintenant, un mot sur moi, puisque tu le désires,

Mon succès grandit à me faire peur,

Quand Dieu élève une de ses créatures au-dessus des autres, il lui fait payer cher cette faveur passagère, et souvent la chute est proportionnée à la hauteur où sa bonté nous avait placés. Prie donc pour moi, sœur pieuse; prie, afin que je sois épargnée.

Est-ce pour mon châtiment que le ciel vient d'amener pour la seconde fois sur mon chemin le vicomte Robert d'Olonne?

Voici ce qui s'est passé :

Un matin, ma femme de chambre m'a remis une lettre accompagnée d'un écrin; le tout de la part de M. d'Olonne.

Les diamants étaient superbes; le billet, moitié flatteur et moitié impertinent.

Le cher monsieur, supposant certainement qu'une créature de mon espèce serait trop honorée de recevoir les compliments qu'un auguste personnage comme lui daignait faire, m'annonçait sa visite pour le lendemain.

L'impudent a sans doute oublié ses coups de cravache; mais, moi, je les ai encore sur le cœur; j'ai même conservé comme une relique sa cravache, afin de toujours me souvenir. Je lui ferai payer cher son outrage.

Sa lettre a réveillé en moi le sentiment de l'injure que j'ai reçue et le désir de la venger.

Cet homme est venu au-devant de son châtiment, il l'aura, et je te jure que la punition sera égale à l'outrage.

J'ai commencé par renvoyer au vicomte sa lettre, ses fleurs et ses brillants, puis quand Son Altesse Robert s'est présentée, je l'ai fait congédier tout à fait cavalièrement.

Je connais assez ce fat, pour savoir que, plus je l'éviterai, plus j'aiguillonnerai son désir de me revoir.

Alors l'imbécile a tenté de séduire mon valet, et ce dernier, qui craignait sans doute d'être compromis, m'a tout révélé.

J'ai autorisé ce domestique à laisser pénétrer M. d'Olonne, et à lui faire acheter sa complaisance trois mille francs.

Robert reviendra; il n'aime que ce qui lui résiste.

Le jour où il rentrera chez moi, ce sera le commencement de sa ruine.

La signora Néri-Doni au vicomte Robert d'Olonne.

Milan.

Télégramme.

Mon cher Robert,

Au nom du ciel, venez!

Venez sur-le-champ, votre femme se meurt!

Elle vous a donné un fils ce matin.

Je suis au désespoir; venez si vous voulez l'embrasser une dernière fois.

Robert d'Olonne à la signora Néri-Doni.

Paris.

Télégramme.

Chère belle-maman,

Votre lettre me navre.

Mais à quoi bon partir! Un voyage en Italie, c'est long.

Quand j'arriverai, ma femme sera ou rétablie, ce qui rend mon départ inutile, ou enterrée, ce qui ne me permettrait pas de l'embrasser.

Donnez-moi de ses nouvelles chaque jour; le télégraphe électrique a été inventé pour éviter les dérangements.

J'ai un fils? j'aurais préféré une fille; vous savez que j'ai un faible pour les filles.

CARNET

Vais-je devenir veuf?

Ah çà! j'ai une chance de!...

CARNET

Paris,

Enfin j'ai pu pénétrer chez Césarine !

Nouveau Jupiter, une pluie d'or m'a fait parvenir jusqu'à Danaë.

J'ai donné trois mille francs au valet; mais comme j'ai trouvé que le coquin me rançonnait abominablement, je lui ai administré une belle quantité de coups de poing si consciencieux que le pauvre diable hurlait comme un chien dont on écrase la patte. Je lui en ai donné pour mon argent; je lui ai même fait bonne mesure.

A ses cris, Césarine est arrivée ainsi que je l'avais prévu; elle m'a fait entrer dans son boudoir.

Là, elle m'a criblé de railleries, de dédains, de mépris; j'avais commencé par rire, puis je m'étais fâché, j'ai dû courber la tête; j'avais trouvé mon maître, j'étais dompté.

Je l'adore ! ça me change !

J'étais fatigué de toutes ces amourettes à la guimauve; ici, rien de semblable.

Césarine m'a dit nettement qu'elle me haïssait, qu'elle me méprisait, que j'étais un misérable et un lâche, et elle m'a dit tout ceci de telle façon, avec de si grands airs, que je n'ai pu répondre.

Ça me plaît ! c'est du piment !

L'ivrogne a besoin de vitriol dans son cognac, moi, il m'en faut aussi dans mes amours.

Césarine ne veut plus de moi ? alors je la veux !

Elle me chasse ! Je reviendrai !

Avant huit jours, je la promènerai triomphalement au Bois en voiture découverte, et quand tout Paris aura bien vu qu'elle est de nouveau ma maîtresse, alors je me donnerai le plaisir de la faire consigner à ma porte par un de mes gens, comme elle m'a fait consigner à la sienne.

A huitaine, Césarine, à huitaine ! comme on dit au Palais.

La signora Néri-Doni à Robert.

Milan,

Télégramme

J'ai caché votre réponse à votre femme; elle l'eût tuée.

Francesca est sauvée; du moins notre médecin l'assure.

Il me dit que votre présence hâterait la guérison de ma fille; voilà pourquoi j'ai le courage de vous écrire.

Est-ce qu'il ne vous tarde pas d'embrasser votre enfant?

Robert d'Olonne à la signora Néri-Doni.

Paris

Télégramme.

Belle-maman,

Francesca est sauvée !...

O mon Dieu, merci ! merci ! Cela m'épargne un voyage, et de porter le deuil.

Le deuil est triste, belle-maman, et puis le noir déteint.

On ne doit porter un deuil que dans son cœur, c'est plus gai.

Soyez sûre que je porterai le vôtre, belle-maman, quand cela vous plaira, toujours dans mon cœur.

Vous me demandez de venir embrasser mon enfant; ah! belle-maman, voudriez-vous me faire manquer à un serment sacré?

J'ai fait vœu de ne jamais embrasser un garçon; quant aux filles, ma moralité bien connue ne me permet pas de les caresser avant qu'elles aient quinze ans.

Belle-maman, je vous embrasse, car vous avez dépassé plusieurs fois cet âge.

CARNET

Paris.

Il y a trois mois j'ai écrit sur ce carnet en parlant de Césarine :

« Avant huit jours, je la promènerai triomphalement au Bois en voiture découverte, et quand tout Paris aura bien vu qu'elle est de nouveau ma maîtresse, alors je me donnerai le plaisir de la faire consigner à ma porte par un de mes gens comme elle m'a fait consigner à la sienne. »

Je suis un mauvais prophète, car, après un long trimestre, je ne suis pas plus avancé.

Je me trompe, je suis reçu, reçu tous les jours; mais rien de plus.

Il est rare qu'une femme ne conserve pas dans quelque repli de son cœur, même à son insu, un peu d'affection pour l'homme qui, le premier, a fait battre son cœur, qui a égrené ce joli chapelet de la couronne et du bouquet de fleurs d'oranger, qui l'a initiée aux doux mystères de l'amour; eh bien, rien de notre passé n'est resté dans le souvenir de Césarine, rien qu'un profond sentiment d'une haine qu'elle ne dissimule pas.

Chaque jour je la quitte furieux de son mépris, exaspéré par ma lâcheté à tout supporter d'elle. Je me promets de ne plus revenir; et le lendemain j'attends avec impatience l'heure où il m'est permis de me présenter.

Elle ne me reçoit pas, elle me tolère chez elle.

Cette diablesse me fait jouer dans son salon le rôle d'un sot.

Elle est entretenue, richement entretenue par un ancien ambassadeur anglais, la perle des gentlemen.

Dernièrement je la suppliais, ne fût-ce que par patriotisme, de me sacrifier le fils d'Albion, et voici comment se dénoua notre conversation.

— Je l'abandonne volontiers pour vous, me dit-elle; mais avez-vous trois cent mille francs par an à me donner?

Je répondis vivement.

— A la mort de mon père.

— Eh bien, à la mort de votre père, nous en causerons.

— N'attendons pas aussi longtemps, répliquai-je alors, et faites-moi crédit jusque-là.

— Je serais volée, mon cher, riposta Césarine, car votre père vous enterrera. Les fils débauchés s'en vont avant les parents honnêtes. Or, comme je suis habituée maintenant à ne pouvoir plus vivre sans dépenser vingt-cinq mille francs par mois, ouvrez-moi un crédit de cette somme chez votre banquier pour dix ans, et je suis à vous.

— Trois millions! joli denier!

— Ils me sont assurés par milord, poursuivit Césarine, pourquoi-voulez-vous que j'aie la bêtise d'y renoncer ?

Je repris :

— Ainsi, c'est l'argent seul qui vous ramènerait dans mes bras ?

Je sauté dans la baignoire et la camériste, etc. (Page 67.)

Elle me regarda un instant avec un souverain mépris et répliqua :

— Que voulez-vous donc que ce soit ?

Je me sentis écrasé par ce regard glacial et dédaigneux, et je balbutiai avec hésitation.

— Je pensais que l'amour...

— L'amour, s'écria-t-elle, l'amour !...

— Mais...

— De l'amour pour vous ?... moi ? reprit la comédienne en éclatant de rire... mais, mon cher, pour justifier l'amour d'une femme, il faut un mobile. Ce mobile, est-ce la beauté de l'homme? Mais regardez-vous, le libertinage a flétri vos traits, l'orgie a plombé votre teint, la débauche a creusé des rides précoces sur votre jeune front. A vingt-cinq ans, pauvre Don Juan de pain d'épice, vous êtes déjà forcé de vous maquiller comme une cocotte fourbue. Est-ce votre esprit qui pourrait me séduire?... Oui, vous parlez la langue des salons, le jargon des boulevards, l'argot des petits théâtres et des soupeuses à la mode; vous portez avec distinction le gilet à un bouton et le gardenia, vous connaissez toutes les chroniques scandaleuses du jour, les noms des chevaux engagés dans le ring et les jockeys-entraîneurs à la mode; vous prenez vos gants chez Jouvin et vos bonbons chez Siraudin, mais Siraudin ferait mieux de vous vendre un sac de son esprit plutôt qu'un sac de ses fondants. Quand, par hasard, il s'échappe un mot spirituel de vos lèvres, je me demande toujours à quel journal où dans quel livre vous l'avez volé?

— Vous êtes plus que mordante.

— Je suis vraie, continua Césarine du même ton. Eh! cher monsieur, si vous aviez un peu d'esprit, est-ce que vous joueriez le rôle stupide d'homme à bonnes fortunes? Quand on a comme vous l'honneur de porter un des plus grands noms de France, on ne le traîne pas dans les bouges ni les boudoirs, on ne le salit pas dans de viles intrigues d'alcôve.

Je m'étais levé furieux, les mains crispées; je voulus me défendre, je ne trouvai ni une idée ni un mot; je pris mon chapeau et je m'enfuis.

Comment reconquérir cette femme? Comment la dominer? Comment l'écraser?

Par l'amour? Il n'y a plus à l'espérer.

Par l'argent? Milord lui en jette plus que je n'en aurai jamais.

Par la force? J'y penserai.

Elle tient moins à moi qu'à son chien, un affreux petit terrier qui n'aime que les rats... pour leur casser les reins.

Je joue chez elle le rôle le plus niais.

Je me suis aperçu que de temps à autre elle se payait quelques caprices; quand cela devient par trop évident, milord qui est très fort, est le premier à rire de ces escapades féminines, moi je me mets en fureur.

Alors milord rit de mieux en mieux, à mes dépens cette fois; il a le beau côté, moi j'ai le côté ridicule.

Un jour, à propos de je ne sais plus quel tenorino qui roucoulait auprès de Césarine, j'ai osé me fâcher, la maîtresse de la maison s'est levée froidement et, me montrant sa porte devant trente personnes, elle me dit :

— Monsieur d'Olonne, je ne force personne à me venir voir; si ma conduite vous déplaît, restez chez vous.

Et c'est chez elle que je suis resté, étouffant ma rage, et mettant toute fierté sous mes pieds.

Ainsi cette femme, autrefois ma créature, ma chose, cette femme a fait de moi son esclave.

Je le vois, je le sens, j'en suis profondément humilié, et je n'ai pas le courage de rompre ma chaîne.

O lâche!

CARNET

Je suis en méchante veine depuis quelque temps.

Je sors d'une grosse fluxion de poitrine gagnée dans une circonstance pour moi fort dramatique ; mais qui m'eût paru bien amusante si elle était tombée sur le dos du petit Nédouchel.

Voici le récit homérique de ma mésaventure.

Je faisais depuis un temps assez long, dix jours au moins, la cour à la charmante femme du baron de Bournonville, ancien chef d'escadron, très ferrailleur, très jaloux, très brutal.

J'avais écrit, on m'avait répondu, l'occasion seule se faisait attendre.

Un jour je reçus le petit billet suivant :

« Mon mari est parti ce matin pour la chasse, il ne reviendra que demain ; je vous attendrai ce soir à neuf heures... Marie. »

Mon Dieu, que de femmes s'appellent Marie !

A neuf heures, je sonnais à l'hôtel de la baronne ; la femme de chambre m'introduisait avec un sourire malicieux ; et un quart d'heure plus tard, j'étais baron.

Nous devisions très gaîment la baronne et moi, sous les courtines, lorsque tout à coup la porte s'ouvre brusquement, et la femme de chambre, folle de terreur, se précipite dans l'alcôve en criant :

— Monsieur le baron, madame ! monsieur le baron !

Je saute en bas du lit ; dans mon trouble, impossible de trouver aucun de mes vêtements.

La baronne affolée dit à la camériste :

— Cache-le où tu pourras.

— Venez, me crie Justine qui m'entraîne.

— Mais je ne suis pas couvert.

— Venez, je vous porterai plus tard vos vêtements.

— Je me laisse conduire.

A peine arrivés dans la salle à manger où nous marchons à tâtons dans une profonde obscurité, un bruit de pas et de voix se fait entendre au dehors, et à travers les fentes de la porte on commence à voir poindre la lumière.

C'est le baron qui se prépare à entrer avec son valet de chambre et qui tourne déjà le bouton de la serrure.

La femme de chambre éperdue, lève le léger couvercle de bois d'une baignoire que la lumière extérieure vient de me faire apercevoir, et Justine murmure :

— Vite, cachez-vous là. Je ne me fais pas prier, je saute dans la baignoire et la camériste replace le couvercle.

O misère ! La baignoire est pleine d'eau... d'eau glacée !

Justine la croyait vide ; car elle avait recommandé au valet de chambre de la faire vider quand sa maîtresse était sortie du bain ; le valet, trouvant la tâche au-dessous de sa dignité, en avait chargé le valet de pied, et... et la baignoire était pleine... et glacée.

Si du moins M. de Bournonville traverse seulement la pièce et me permet de sortir de mon bain !

Au même moment le baron fit son apparition bruyante.

Comme d'habitude, il était d'une humeur massacrante.

— Pourquoi n'avoir pas de feu dans la salle à manger?

Justine répondit tout en tisonnant :

— Monsieur le baron ne devait rentrer que demain.

— Est-ce qu'on peut jamais savoir quand on rentre? répondit en jurant le baron qui posa son fusil dans un coin, et s'étendit devant le poêle dont le feu commençait à flamber, pendant que François le débarrassait de ses guêtres et de ses grosses bottines de chasse.

M. de Bournonville continua :

— Nous chassons; je tue quelques lapins, deux coqs-faisans, un lièvre, une bécasse...

L'ancien officier s'adresse alors à son valet de chambre, et lui dit :

— Tu vas m'apporter ma chasse ici; je veux la montrer à la baronne.

— Si monsieur le baron le préfère, François pourrait porter le gibier dans la chambre de madame? insinue Justine qui a pitié de ma situation, et qui a trouvé le moyen de mettre en lieu sûr ma pauvre défroque.

— Non, non, riposte brutalement le Nemrod, je veux rester ici, d'abord j'ai une faim-vale, je souperai. Qu'est-ce qu'il y a à l'office?

— Je vais le voir, répond Justine qui court prévenir la baronne de ce nouveau contretemps.

Quant à moi, je continue à jouer le rôle de Suzanne au bain, moins les vieillards.

Un instant après, la baronne apparaît le sourire aux lèvres; elle tend son chaste front à son seigneur et maître qui daigne y déposer un baiser distrait, tout en étalant devant elle les produits de sa chasse.

Elle admire.

Lui, alors, consent à se dérider.

Elle saisit aussitôt l'instant favorable, et elle s'efforce de l'entraîner dans la chambre conjugale. Là il y a un bon feu, bien pétillant, devant lequel il pourra se reposer tout en racontant ses prouesses cynégétiques; Justine servira le souper devant ce bon feu, et elle-même, oui, elle-même croit qu'elle sucera volontiers une aile de poulet froid; elle se sent en appétit... qui l'y a mise, ô Jupiter?

Mais le baron est entêté. Il ne veut pas quitter la salle à manger.

La baronne et Justine échangent un coup d'œil désespéré.

Pendant que Justine met le couvert, et que François emporte le gibier au garde-manger, le baron raconte à sa femme comment il se fait qu'il est si vite de retour.

Après la chasse, lui et ses amis allaient se mettre à table avant de se coucher, quand tout à coup des cris perçants retentissent.

Les chasseurs étaient réunis, selon leur habitude, dans une maisonnette qu'ils avaient fait construire au milieu de la forêt, et où ils avaient installé leur garde. Les chevaux avaient une spacieuse écurie; un hangar abritait les voitures; les chiens courants et d'arrêt trouvaient une bonne litière dans un chenil bien chaud. Quant aux chasseurs, ils couchaient dans une douzaine de petites cellules, et une vaste salle à manger permettait aux Gargantuas de déployer leur formidable appétit, comme aussi aux fumeurs d'empester leurs voisins. L'habitation était très confortable.

Habituellement, les chasseurs y séjournaient deux jours. Par malheur pour moi, la femme du garde était en mal d'enfant; le petit être, devinant probablement qu'on n'était pas toujours à son aise sur la terre, refusait de sortir de sa cachette; la maman criait autant que six femmes ordinaires; le père pleurait; la sage-femme perdait la tête; ce que voyant, les chasseurs comprirent qu'ils étaient une gêne dans la maison; qu'ils passeraient une mauvaise nuit; que le réveil manquerait peut-être de gaieté, et qu'il valait mieux déguerpir.

En un clin d'œil, les voitures furent attelées, et reconduisirent Nemrod et sa bande jusqu'à la gare du chemin de fer.

Et voilà pourquoi le baron était revenu.

Et voilà pourquoi il avait troublé une soirée si bien commencée.

Et voilà enfin pourquoi je grelottais dans la baignoire de la baronne; tous mes feux n'ayant pu réchauffer l'eau.

La baronne n'avait pas conservé son air souriant, elle gardait rancune à son mari qui avait refusé de la suivre dans sa chambre. Elle appuyait ses mains sur le poêle, et la tête, posée sur ses mains, elle paraissait dormir, sans que sa brute d'époux s'en aperçût.

Il mangeait comme un ogre et buvait comme une éponge.

A travers la mince cloison mal jointe de ma baignoire, je l'apercevais ingurgitant, pêle-mêle, foie gras et volaille, timbale milanaise et rosbif, charlotte aux pommes et ignames de la Chine, le tout entremêlé de médoc, de sauterne, et de Mumm frappé, à côté d'un bon feu.

Et moi, je crevais de faim !... et de froid !

Et le misérable ne me faisait grâce d'aucune histoire de chasse!

Il avait tué son lièvre à soixante pas; le pauvret avait fait capucin, et n'avait plus bougé.

Son premier coq n'était que démonté; heureusement son vieux chien Hector l'avait suivi une demi-heure sans perdre sa piste à travers les halliers, les ronces et les épines, et le lui avait glorieusement rapporté.

Un des lapins avait pu se traîner dans le terrier, et le baron avait dû se mettre à plat ventre, et enfoncer son bras dans la gueule pour en retirer sa victime.

Et M. de Bournonville, passablement étourdi par la fumée des mets et des vins, mimait comme un acteur toutes ces scènes devant sa femme ennuyée et devant ses [domestiques impassibles, même devant moi, dans mon bain.

Au moment où le chasseur, tout entier à son récit, montrait comme quoi il avait manqué une bécasse, parce que son fusil s'était trouvé accroché par des broussailles, il heurta si fort la baignoire où j'avais fait élection de domicile, qu'il fit sauter le couvercle.

Ma tête apparut subitement.

Quelle bonne tête je devais avoir !

Il est un Dieu pour les ivrognes, dit le proverbe, il en est un autre aussi pour les amoureux; car le baron, peu solide sur ses jambes, alla rouler aux pieds de la baignoire, sans rien voir.

Quant à moi, instinctivement, j'avais fait le plongeon. L'œil le plus exercé n'aurait pas aperçu un cheveu de la bête, et, bien que l'homme soit assez mal construit pour ne pouvoir vivre comme les poissons sous l'eau, cependant je me gardais bien de montrer le plus petit bout de mon museau.

Cela n'aurait pourtant pas pu durer longtemps ainsi.

Par bonheur, personne n'avait perdu la tête durant cette bourrasque; et tandis que Justine se hâtait d'assujettir le couvercle de ma maison humide, la baronne faisait semblant de s'empresser avec François pour remettre le chasseur sur ses jambes.

La prudente épouse l'empêchait de tourner la tête du côté de la baignoire; elle forçait son mari de lever chaque bras pour voir si rien n'était cassé; ensuite ce fut le tour des jambes, et ce petit manége de sympathie matrimoniale ne prit fin que quand Justine eut fait signe à sa maîtresse que l'accident était réparé.

Alors la baronne changea de ton. Elle exigea impérieusement que son mari prît le chemin de la chambre à coucher sur-le-champ, et cette fois, le baron assoupli par sa chute et une demi-ivresse, obéit.

Un quart d'heure après Justine m'apportait mes habits.

Elle avait été stupéfaite en voyant que la baignoire n'avait pas été vidée, et c'est elle qui m'apprit que le valet de chambre avait manqué ainsi à tous ses devoirs, ce qui faisait que moi, je n'avais pas manqué d'eau.

Je rentrai au plus vite chez moi; mais j'eus beau m'entortiller à nu dans deux couvertures où je gre- lottais, je dus me résigner à une bonne fluxion de poitrine, doublée de pleurésie.

Voilà plus d'un mois que j'ai dit adieu à la fatale baignoire, et je tousse encore à rendre des points à un catarrheux.

Femmes sensibles! comme on disait sous la première république française ; femmes sensibles qui cultivez les amours comme d'autres femmes cultivent les jacinthes sur leurs cheminées; femmes sensibles! quand vous avez pris un bain pour faire honneur au héros de la nuit prochaine, femmes sensibles! faites vider votre baignoire devant vous!

CARNET

Paris.

Chaque jour Césarine invente quelque nouvelle cruauté pour me blesser plus cruellement.

Quand son salon regorge de visiteurs, d'admirateurs, d'adorateurs, car tout Paris, tout l'univers est à ses pieds, alors, devant ce monde de curieux, de médisants et de railleurs, elle s'adresse tout à coup à moi, et, d'une extrémité de la pièce à l'autre, pour que personne ne perde un mot du dialogue, elle entame avec moi le colloque suivant :

— Monsieur d'Olonne, y a-t-il longtemps que vous n'avez reçu des nouvelles de madame ?

Me demander des nouvelles de ma femme à moi qui m'efforce de cacher mon mariage!

Quand elle a obtenu ma réponse, Césarine se met à entamer les plus longs commentaires sur cette union, et, comme elle a une voix qui porte admirablement bien et qui se fait entendre au théâtre par douze cents spectateurs, personne ne perd un seul mot de ce qu'elle raconte.

Elle brode merveilleusement mon histoire depuis le jour où j'ai été recueilli chez la mère de Francesca, jusqu'au moment où je me suis marié.

La railleuse me distribue les plus beaux éloges pour avoir fait un mariage d'amour et m'être uni à une Italienne sans naissance, sans fortune, moi, un fils des preux et le futur héritier de cinq à six millions.

Elle brode sur ce thème pendant une demi-heure tous les soirs depuis quinze jours, avec quelques variantes. Je ne sais pas si cette scie amuse ses invités, mais moi, cela commence à m'exaspérer.

Je ne fais plus un pas sans qu'on m'aborde pour me dire :

— Madame va-t-elle mieux ?

Ou encore :

— Et le bébé, se porte-t-il bien ?

Les plus intimes vont même jusqu'à me crier :

— Eh ! cher, vous savez, je demande un cornet des drogées du baptême. Prenez ça, cher Charbonnel, mon bon ; n'y a que lui ! n'y a que lui !

Césarine rit alors à se pâmer. Hier, devant cent personnes, elle a osé me dire du ton le plus sérieux :

— Vous m'avez priée d'être la marraine de votre fils, vicomte ; j'accepte.

C'est une scie d'atelier.

Francesca à Robert.

Milan.

Horrible événement ! Ma mère vient de mourir !

J'ai à peine la force de t'écrire. Je suis accablée, désespérée !

Ce matin, j'étais sortie par ordre du médecin, et j'avais laissé ma mère parfaitement portante.

Tout à coup, au milieu de ma promenade, un sentiment d'angoisse inexprimable s'empara de moi, une vague inquiétude me prit, et j'eus envie de pleurer, tant mon cœur se gonflait.

Le pressentiment d'un malheur me domine, je cours, je vole jusqu'à notre maison, et de loin j'aperçois un de nos voisins qui en sort et qui me crie :

— Arrivez vite, votre mère s'est trouvée mal et ma femme la soigne.

Frappée d'épouvante, je monte à la chambre de ma mère, et je la vois étendue sans connaissance dans un fauteuil, la tête renversée, l'œil atone, la face congestionnée.

Un prêtre est là qui psalmodie des prières ; il vient d'administrer l'extrême-onction.

Les gens qui m'environnent sont à genoux, je m'y laisse tomber machinalement.

Je presse dans ma main, j'arrose de mes larmes la main déjà froide de ma mère.

A ce contact, au son de ma voix, la mourante semble se ranimer, son regard éteint se rallume, elle s'efforce de parler ; impossible.

Des larmes descendent lentement sur ses joues ; je les essuie avec mes baisers.

Elle paraît faire un violent effort ; ses bras, frappés d'impuissance par la paralysie, se lèvent et s'arrêtent sur ma tête comme pour me bénir, ses lèvres s'agitent bégayent quelques mots que nous ne pouvons comprendre, puis elle retombe lourdement dans son fauteuil ; elle était morte !

On m'emporte évanouie.

Je veux veiller la nuit prochaine à côté de celle que bientôt je ne reverrai que quand le Seigneur nous aura réunies toutes les deux dans son paradis ; j'ensevelirai pieusement dans son linceul celle qui m'a mis mon premier vêtement et qui, lorsque j'étais toute petite, couvrait chaque matin de ses doux baisers ma figure et mon corps pendant qu'elle m'habillait ou qu'elle m'endormait avec ses chants maternels ; je coucherai moi-même dans son cercueil cette bonne mère qui, chaque soir, me plaçait dans mon berceau.

L'enfant rendra au vieillard ce que le vieillard donna jadis à l'enfant.

Puis, lorsque tous ces soins seront pris, lorsque j'aurai dit un éternel adieu sur cette terre à ma mère bien-aimée, alors je me rappellerai que moi aussi je suis mère, que je suis épouse, et que mon devoir maintenant est de vivre pour mon enfant et pour mon mari.

Je quitterai Milan, je t'amènerai notre petit ange, et je te dirai en le plaçant dans tes bras : aime-nous, Robert, protège-nous, car nous n'avons plus que toi pour nous défendre, pour nous aimer.

Quand tu recevras cette lettre, je serai déjà en route, je compte arriver à Paris samedi soir

---

CARNET

Paris.

Quel coup de foudre ! ma femme me tombe des nues !

Oh ! ces belles-mères !... Toujours désagréables à leurs gendres !

La mienne avait une mission sur cette terre, garder sa fille, ne jamais me la lâcher dans les jambes.

Et la voilà qui s'embarque pour l'autre monde, sans même crier gare, et pour ne pas me rendre service.

Oh ! ces belles-mères ! Toujours contrariantes ! *Requiescat in pace !*

Que diable vais-je faire de ma femme ?

Et l'enfant ! Est-ce un garçon ou une fille ? Ça doit être ça.

Quel drôle de papa je vais faire, moi qui faisais déjà un si drôle de mari.

Et mon petit papa à moi, que va-t-il dire ? Il ne sait pas un traître mot de mon mariage.

Quel chabannais il va faire ! Peut-être ferais-je bien de prolonger son ignorance.

Ah ! ma foi, non, il est juste qu'il prenne sa part dans mes ennuis.

Puis, constatons un fait, c'est qu'à force de mettre des belles petites dans le palissandre, le bois de rose et le Boule, d'acheter une rivière à Virginie, un attelage à Corilla, des rubis à la brune Thérèse et des topazes à la blonde Octavie, j'ai furieusement ébréché la fortune que ma mère m'avait laissée.

Par bonheur, mes créanciers sont des sages.

Au lieu de fulminer contre moi, et de suspendre leur crédit, ils s'évertuent à exciter mes prodigalités. Ils imitent ma philosophie ; ils attendent stoïquement, comme moi, que les millions paternels m'arrivent sous la forme de succession.

Ma foi, l'entrée en scène de Francesca va me rendre un service inattendu.

Je ne savais comment obtenir de mon père une pension ; je vais la demander pour ma femme et son bébé, huit à dix mille francs par mois, il faut ne pas se montrer trop exigeant.

J'apprendrai carrément à mon père mon mariage et ma paternité ; s'il exige des preuves, je lui apporterai une couche de l'enfant.

Après cela, si papa se fâche, si la colère lui monte au cerveau et lui amène une attaque d'apoplexie comme à belle-maman, ce sera sa faute, moi je m'en lave les doigts.

CARNET

Paris.

Je suis joué, berné, mystifié ; papa est plus fort que moi ! Il m'a roulé.

C'est moi qui ai failli avoir l'attaque d'apoplexie. C'est lui qui a failli hériter... de mes dettes.

Ce matin, je me fais annoncer chez lui.

J'entre et lui dis, en lui présentant la lettre de Francesca.

— Monsieur, ceci vous concerne autant que moi, veuillez lire.

Mon père, avec son grand air, me fait signe de m'asseoir et se met à lire tout bas.

Il lit, il lit tout et sans sourciller.

Quand il a terminé sa lecture, il retire son pince-nez, joue négligemment avec, me tend ma lettre, et me regarde sans souffler un mot, seulement son regard semble demander une explication.

— Mais j'ai à causer avec toi, lui dis-je. (Page 77.)

L'impatience me prend et, après un silence prolongé, je me hasarde à dire d'un ton légèrement impertinent :

— Monsieur, vous avez lu?

Mon père, fit un signe de tête qui signifiait oui.

Je reprends :

— N'auriez-vous pas compris cette lettre?

Mon père continue de se taire.

Alors je crois faire beaucoup d'effet en m'écriant :

— Ne voyez-vous pas, monsieur, que je suis marié ?

— Je le savais depuis longtemps, répond froidement mon père.

Je manque tomber à la renverse et je riposte vivement.

— Vous, monsieur ? Et depuis quand donc ?

— Depuis que vous avez honteusement abandonné votre femme pour courir, selon votre habitude, après de nouvelles drôlesses. Décidément vous n'êtes pas fait pour les honnêtes femmes.

Si Césarine l'avait entendu. Je réplique aussitôt.

— Saviez-vous aussi que ma femme va arriver ?

— Non.

— Puis-je vous demander comment vous l'accueillerez ?

— Je ne la recevrai pas.

Il fit un mouvement pour sortir.

— Pardon, monsieur, lui dis-je en le retenant du geste, permettez-moi de vous demander quelle pension vous comptez faire à ma femme et à mon enfant ?

— Votre femme et votre enfant n'existent pas pour moi, riposta mon père, rien de ce qui les concerne me regarde.

Et ce disant, il me tourna le dos et il sortit.

Je regardai la pendule, elle marquait huit heures.

Francesca ne pouvait tarder à se présenter.

Je regagnai mon appartement et j'appelai mon valet de chambre à qui je dis.

— Il va venir une dame.

Baptiste ne broncha pas, il voyait passer tant de dames.

Je poursuivis. Une dame avec un enfant et sa nourrice.

Baptiste commença d'ouvrir les yeux, de gros yeux bêtes. Je continual.

— Vous conduirez cette dame dans la chambre du fond... La nourrice et l'enfant coucheront dans la pièce voisine... Vous ferez préparer ces chambres... J'ai donné l'ordre au concierge d'y faire porter les bagages de la voyageuse.

— Monsieur sort ?

— Oui, Baptiste.

— Si cette dame me demande où est monsieur ?

— Vous lui répondrez qu'une affaire urgente m'a forcé de m'absenter quelques heures.

— Et si cette dame s'informe de l'heure à laquelle monsieur le vicomte doit rentrer ?

— Vous lui direz que vous n'en savez rien. Ce sera la première fois que vous ne mentirez pas.

En ce moment, un timbre résonna ; je tressaillis involontairement ; le concierge annonçait ainsi les visites qui m'arrivaient.

Ce devait être Francesca. Je dis aussitôt à Baptiste.

— Courez à la fenêtre et voyez qui vient.

Baptiste sortit et rentra bientôt après.

— Une dame et une femme portant un enfant parlent au concierge ; on descend quelques colis d'une voiture de place, dit Baptiste.

— Bien ; n'oubliez rien de mes ordres, lui répondis-je.

J'avais fait un mouvement pour sortir, je revins, et j'ajoutai.

— Si cette dame désirait voir mon père, répondez-lui que cela est impossible parce que monsieur le comte est fort souffrant, qu'il repose, et que son médecin a prescrit le calme le plus absolu autour de lui.

Pour cette fois Baptiste resta ahuri.

Je me hâtai de descendre par l'escalier de service, tandis que ma femme montait par l'escalier d'honneur; je ne pouvais y mettre plus de galanterie.

Mon coupé m'attendait dans la cour, je me jetai dedans.

Je n'eus pas besoin de donner mes ordres au cocher; s'il se fût endormi en route ses chevaux nous auraient conduit à l'hôtel de Cesarine.

Ce soir-là il y avait grande soirée chez l'étoile dramatique.

Francesca à la signora Flavia Mariani, à Florence.

Paris.

Pauvre cousine ! Que de hontes ! Que d'humiliations ! Que de désespoir !

Je croyais avoir épuisé les plus grandes douleurs le jour où j'ai perdu ma mère, je ne pensais pas qu'il pût y en avoir d'aussi poignantes, je me trompais.

Je crains fort de n'être encore qu'au début de mes malheurs. Écoute et juge.

Je t'ai écrit que je partais pour Paris; voici l'accueil qui m'y attendait.

Je suis arrivée épuisée par un voyage long et rapide, brisée par la mort de ma mère, tremblant pour la santé de mon fils vis'blement fatigué, ayant grand besoin de consolations, d'épanchements, et je n'ai trouvé que froideur... pire que cela même.

Tout d'abord, comme un télégramme de moi avait prévenu mon mari de l'heure de mon arrivée, je pensais le trouver à la gare heureux de me revoir après une aussi longue séparation, heureux de mêler ses larmes aux miennes après la perte que je venais de faire.

Personne pour m'attendre à la gare.

Juge de mon chagrin, de mon embarras même, puisque je n'ai jamais vu Paris.

Je prends une voiture de place, on y charge le peu de colis que j'ai emportés, et je donne au cocher l'adresse de l'hôtel d'Olonne.

Nous arrivons, le concierge et un valet se chargent de mes bagages, un autre me conduit aux appartements de son maître.

Je lui demande où est mon mari, il me répond qu'il l'ignore ; mais que M. Baptiste, le valet de chambre, pourra me renseigner.

En effet, M. Baptiste m'annonce que monsieur le vicomte a dû s'absenter pour affaire importante; mais qu'il a donné des ordres.

Je retiens une larme, une exclamation de douleur prête à m'échapper en apprenant l'absence de mon mari ; mais des valets sont autour de moi, je garde le silence.

Je m'approche de la cheminée, je prends mon fils dans mes bras, et je cherche à le réchauffer.

Pauvre enfant ! Il dort ! Il est tranquille; parfois, un sourire erre sur ses lèvres; ah ! le sourire ! quand reviendra-t-il sur les miennes ?

M. Baptiste me paraît un peu intrigué, il est évident qu'il brûle de me questionner à défaut de la nourrice qu'il a déjà interrogée tout bas à l'écart, mais qui ne sait pas un mot de français.

M. Baptiste se rapproche de moi, et se hasarde à me dire.

— Madame paraît très fatiguée... une chambre est préparée pour madame... une autre tout à côté pour l'enfant et la nourrice... il y a bon feu... si madame le permet, je vais accompagner madame jusque-là?

— Merci, je suis décidée à attendre ici le retour de mon mari.

Le valet de chambre tressaille et me regarde d'un air si franchement effaré que je me demande s'il me prend pour une folle ou pour une intrigante.

Je suis indignée. Est-ce que par hasard Robert aurait caché notre union?

Dans quel but? Du reste, s'il a cru devoir se taire, son père a dû parler.

Je me perds dans mes suppositions, et je ne veux pas, je ne dois pas interroger ce valet qui me regarde bouche béante.

Je me lève avec impatience et je dis à Baptiste :

— Puisque mon mari est sorti, je veux voir monsieur le comte; veuillez me conduire auprès de lui.

— Monsieur le comte est très souffrant, madame, me répond le valet, il y a ordre de son médecin de ne laisser personne pénétrer chez lui, et à cette heure, il doit reposer.

Il me fallut accepter comme vraie cette excuse plus ou moins exacte.

Alors je pris le parti le plus convenable, et je priai le valet de chambre de conduire mon fils et sa nourrice dans leur chambre afin qu'ils pussent reposer.

J'ajoutai que, quant à moi, je préférais lire; je donnai l'ordre de me laisser la lampe, les journaux, un roman, je ne sais lequel, qui se trouvait sur la table, et je déclarai à M. Baptiste que j'attendrais ainsi le retour de mon mari. Je soulignai ces deux derniers mots.

Mon ton impératif n'admettant guère de réplique, le domestique s'éloigna avec la nourrice.

Comme tu le penses bien, je ne jetai les yeux ni sur le roman ni sur les journaux, et je restai absorbée par les plus tristes préoccupations.

Je regardai la pendule, elle marquait minuit.

Mon mari n'est donc pas toujours auprès de son père comme il me l'écrivait? Alors où peut-il être?

Involontairement, pendant cette longue nuit d'attente, mes yeux se promènent autour de moi et interrogent la pièce où je suis.

Que de sujets de chagrins, d'inquiétudes!

De tous côtés, des indices du passage de femmes.

Sur la cheminée, dans un vide-poche, quelques longues épingles à cheveux déposées sans doute un soir et oubliées le matin; une broche de femme dans un des vases à fleurs; de petites mules, trop mignonnes et trop coquettes pour avoir jamais chaussé le pied d'un homme, gisent par terre dans le cabinet de toilette; des lettres que je rougirais d'ouvrir, de lire, mais dont l'écriture sur l'enveloppe trahit la main de femmes.

Enfin un magnifique portrait en pied signé d'un des maîtres modernes, Henner, le portrait d'une artiste que tu as vue à Florence et à Milan dans de petits rôles et qui, à cette heure, est une des célébrités de Paris.

Je la reconnais; elle m'a déjà tant fait pleurer sans le savoir.

C'est pour elle que Robert s'est battu à Milan, pour elle qu'il a été blessé.

C'est son ancienne maîtresse, Césarine Flamant.

Ma jalousie l'a suivie de loin. J'ai appris son retour à Paris; j'ai été renseignée sur ses succès.

Si Robert la revoit, s'il s'attache à elle de nouveau, je suis perdue.

La pendule sonne cinq heures; voilà trois nuits que j'ai à peine dormi, et cependant le sommeil ne vient pas.

Ma lampe commence à menacer de s'éteindre; je n'avais pas prévu ce désagrément, que ferai-je dans l'obscurité au milieu de cette chambre où je ne saurais bouger sans me heurter?

Une voiture entre rapidement et à grand bruit dans la cour de l'hôtel; la porte se referme, ce doit être Robert.

Comme mon cœur bat!

Me serais-je trompée? Vingt minutes se sont écoulées et personne n'est venu. Cependant il n'est pas possible que le valet de chambre de Robert ne l'ait pas averti de mon arrivée.

Enfin des pas se font entendre, c'est mon mari qui entre, je me jette dans ses bras en sanglotant.

Tout à l'heure, quand je l'attendais, j'avais médité mille reproches, à sa vue toute irritation cesse. Douleur, inquiétude, griefs, tout disparaît comme par enchantement; je n'ai plus là devant mes yeux un grand coupable, mais un mari aimé jusqu'à l'idolâtrie, et je suis tout à la joie de le couvrir de caresses.

Hélas! ces caresses le laissent froid. Robert ne m'aime plus.

Il ne me repousse pas encore; je l'ennuie, c'est visible.

Il me reproche avec impatience de l'avoir attendu, puis sans même écouter ma réponse, il sonne vivement.

Son valet de chambre entre aussitôt; il attendait certainement derrière la porte.

Robert lui donne l'ordre de me conduire à ma chambre.

— Mais j'ai à causer avec toi, lui dis-je.

Il me répond en bâillant.

— Moi aussi, mais il est trop tard pour bavarder. A demain!

Il me tend la main comme à un camarade, allume un cigare et s'éloigne me laissant toute interdite.

Baptiste me conduit à ma chambre.

Une fois seule, je n'ai pas même le courage de me mettre au lit, je tombe dans un fauteuil, je pleure... Je pleure sur moi.

Ah! ma mère est bien heureuse!

———

CARNET

Paris.

Ma femme est arrivée hier au soir. Avec elle, l'ennui est entré.

Est-ce que je l'aime encore? Non!... oh! mais là, non!

Alors c'est une gêneuse? Précisément.

S'il en est ainsi, débarrassons-nous d'elle. Oui, mais comment?

Les poëtes comparent souvent les femmes aux fleurs, les poëtes sont des niais; on jette par la fenêtre les fleurs fanées, on ne peut pas y jeter les femmes.

Mes créanciers commencent à me montrer les dents; ils trouvent que je vis trop bien et que papa vit trop longtemps.

L'un de mes usuriers, pour essayer de se faire payer, m'a envoyé un gredin appelé Balmaque, et qu'on traite même du nom pompeux de maître Balmaque en certains lieux.

Cet homme est bien le plus abominable roué qui soit sorti des entrailles du code civil et du code pénal dont il a étudié tous les tours et même les détours.

C'est le plus retors de ces bandits civils qui côtoient toute leur vie les bancs de la police correctionnelle, sans que la police qui les guette puisse trouver une occasion de les y faire asseoir.

Ce coquin a fait tous les métiers, depuis celui de clerc d'huissier jusqu'à celui de revendeur à la toilette et de prêteur sur gages, autrement dit usurier.

Maître Balmaque étant venu ce matin pour renouveler un effet à échéance trop prompte, j'ai pris conseil de lui sur ma situation, car le drôle est d'une habileté qu'un honnête homme n'aurait jamais.

Un mot de lui, mot très intéressant pour moi, ayant éveillé mon attention, j'ai fait déjeuner ce flibustier.

J'ai pensé, non sans raison, que quelques flacons de bordeaux délieraient sa langue, par malheur cette vermine empeste si fort la pipe et la graisse, que je suis obligé de faire arroser mes tapis avec un bocal d'essence de Portugal.

Brillante fourchette que maître Balmaque, il fait disparaître une timbale Bontoux comme un pitre de la foire escamote une muscade; le malheureux doit sortir du radeau de la *Méduse*.

Quand son estomac famélique me paraît suffisamment lesté, que les liqueurs sont sur la table, et que j'ai fait sortir les domestiques, j'aborde la question en ces termes :

— Balmaque, vous qui savez tout, voulez-vous que je vous apprenne quelque chose que vous ignorez?

Il me regarde d'un air narquois et me répond en se versant successivement deux ou trois verres de cognac.

— Si ce quelque chose est votre mariage, M. le vicomte, c'est inutile.

— Tiens, vous savez cela, vous?

— Vous voyez.

— Ce que vous ignorez assurément c'est que ma femme est arrivée à Paris...

— Hier au soir, par le train de huit heures, avec votre fils et sa nounou.

— Vous êtes sorcier, Balmaque?

— Je suis seulement assez bien renseigné, monsieur le vicomte.

— Alors vous savez comment je me suis marié?

— Parbleu! à la suite de votre duel pour la Césarine.

— Et vous savez qu'à cette époque j'aurais donné la moitié de ma vie pour posséder Francesca?

— Vous donneriez aujourd'hui l'autre moitié pour en être débarrassé, fit en riant grossièrement mon triste convive qui absorba un mélange de cognac, de cassis et de je ne sais quoi encore dans son verre à pied.

Je le regardai fixement, car nous touchions à la question la plus brûlante, celle qui m'intéressait le plus, et je répondis.

— Vous dites vrai.

— J'en suis sûr, continua le drôle, aussi sûr que vous payeriez au moins vingt mille francs l'homme assez habile pour faire rompre votre union.

— J'en conviens, Balmaque, mais vous savez comme moi que la mort seule peut rompre un mariage.

— Oh ! la mort seule !...

— Vous dites ?

— Je dis que si j'avais là, devant moi, comme j'ai ce carafon d'eau-de-vie...

Il s'en versa un plein verre, puis il continua :

— Si j'avais là, je ne dis pas vingt... ce serait trop peu ; mais vingt-cinq mille francs... et qu'on me les donnât en échange de certains conseils, je saurais trouver une nullité pour plus d'un mariage qui paraît solide.

— Une nullité !... dans mon mariage ?

— Peut-être bien.

— Comment cela ?

— Je n'ai pas l'esprit assez ouvert pour vous répondre encore, répliqua le légiste de cabaret en vidant son verre.

— Pour vous l'ouvrir, maître, il vous faudrait vingt-mille francs ?

— J'ai dit vingt-cinq.

— Soit !... vingt-cinq ?... n'est-ce pas, spirituelle canaille ?

— Je ne dis pas non, repartit Balmaque.

— Par malheur, je ne les ai pas.

— Sans doute, riposta lentement l'ancien clerc d'huissier ; mais vous avez de l'encre, une plume et une main qui peut écrire une reconnaissance.

— De vingt-cinq mille francs ?

— Comme ce n'est plus de l'argent comptant, mettons trente mille.

— Hâtons-nous, fripon, car vous arriveriez bientôt au chiffre de cent mille francs.

— Eh ! eh ! mon conseil les vaut.

— C'est ce que nous allons voir sur-le-champ ; donnez-moi votre consultation, et si elle vaut, comme vous me le promettez, son pesant d'or, je vous signerai mon billet séance tenante.

— Non, non, répondit Balmaque, je ne fais pas de ces affaires-là... votre billet d'abord, ma consultation ensuite.

— Vous êtes méfiant, maître Balmaque ?

— Vous n'êtes pas confiant, monsieur le vicomte ?

— Cela dépend des personnes avec lesquelles je traite, maître Balmaque.

— Moi de même, monsieur le vicomte.

— Une impertinence !

— Je suis bonne paye, riposta le faquin, je rends toujours aux gens la monnaie de leur pièce.

Je ne voulais pas le fâcher ; j'avais grand intérêt à ménager ce misérable ; j'arrêtai la querelle.

— Allons, finissons-en. Quel billet voulez-vous me faire signer ?

— Celui-ci, répondit Balmaque, qui, cette fois, se versa un grand verre d'eau et l'ingurgita rapidement, non sans une forte grimace.

Il tira de ses poches écritoire à ressort, plume et papier timbré, puis il se mit à écrire rapidement.

Il me présenta le papier au bout de quelques minutes; je le lus; c'était une reconnaissance de trente mille francs payables à la mort de mon père et si mon mariage était annulé.

Je signai.

Balmaque examina soigneusement le reçu, et serra le précieux papier dans un portefeuille, dont la couleur primitive avait disparu sous une couche épaisse de graisse.

Ceci fait, maître Balmaque parut se recueillir quelques instants, puis il me dit :

— Je suis forcé d'adresser à monsieur le vicomte quelques questions très importantes.

— Parlez.

— Votre mariage a été célébré à Milan?

— Oui, il y a dix-huit mois.

— Vous n'aviez pas encore vingt-quatre ans?

— Je viens seulement d'avoir mes vingt-cinq.

— Votre père, si je suis bien renseigné, n'a pas donné son consentement?

— Il ne l'a pas donné.

L'homme de loi de contrebande tira d'une de ses nombreuses poches un mauvais bouquin, maculé d'huile, de vin et de tabac ; c'était son code.

Il le feuilleta majestueusement et me lut le passage suivant :

— Article 148 du Code civil : « Le fils qui n'a pas atteint l'âge de vingt-cinq ans accomplis, ne peut pas contracter mariage sans le consentement de ses père et mère. »

— Nédonchel me l'avait dit.

— Et vous avez passé outre.

— Parfaitement.

— Bénissez-en le ciel.

— Je le bénis. Allez.

Balmaque poursuivit :

— A-t-on fait, au lieu du domicile de votre père, les publications légales?

— Non, mille fois non. Si j'avais tenté de les faire, mon père en eût été instruit, et il se serait opposé à notre union.

— Très juste, répondit le logicien Balmaque, qui ajouta :

— Suivez mon raisonnement.

— Je le suis.

— Les formalités indispensables pour valider un mariage ayant été omises, soit par hasard, soit à dessein....

— Je vous jure!...

— Peu importe, reprit le légiste, peu importe, puisque le résultat sera le même. Écoutez-moi bien. Le consentement de votre père était absolument nécessaire, cependant il n'a été ni demandé, ni donné. Deux publications au domicile étaient indispensables, on a négligé de les faire ; donc votre père est bien fondé à poursuivre la nullité de votre mariage.

— Mon père?

— Oui.

— Et moi?

Balmaque reprit son code graisseux qu'il avait posé dans la soucoupe de sa tasse à café, il le feuilleta de nouveau, et, pendant qu'il cherchait, il murmura ces mots :

— Je vais vous faire connaître vos droits, tous vos droits, en vous lisant l'article 183.

Écoutez-le :

« L'action en nullité ne peut être intentée par l'époux lorsqu'il s'est écoulé une année sans

C'est ce que je vais savoir, m'écriai-je en m'élançant hors de la pièce. (Page 85.)

réclamation de sa part, depuis qu'il a atteint l'âge compétent pour consentir lui-même au mariage. »

Maître Balmaque retroussa ses manches, comme s'il portait la toge, et s'écria en frappant sur ma table :

— J'argumente. Vous n'avez vingt-cinq ans que depuis peu de temps; or, c'est seulement à cet âge que vous pouviez consentir vous-même au mariage, selon les termes de la loi; il en résulte que vous êtes dans les délais prescrits par l'article 183.

— Vous en êtes sûr?

L'homme de loi de la canaille me regarda un instant avec autant d'insolence que de mépris. Évidemment il pensait à part lui : quel âne que mon client !

Il traduisit plus poliment tout haut ces idées sur moi en répliquant.

— Si j'en suis sûr !... La chicane et moi nous sommes frère et sœur. Ah! monsieur le vicomte, si j'avais eu votre intelligence quand j'ai épousé madame Balmaque, je me serais ménagé comme vous une bonne nullité dont j'aurais profité il y a longtemps.

— Mais je ne me suis rien ménagé du tout.

— Vous avez raison de ne pas avouer, jamais il ne faut avouer... même quand on est pris la main dans la caisse... c'est mon système... c'est le bon... moi, je resterai éternellement attelé à madame Balmaque; vous, une fois votre mariage cassé, vous pourrez épouser une riche héritière, ce qui vous permettra de payer vos dettes, en commençant par la mienne, et même d'y ajouter un don de joyeux avènement.

— Vous prévoyez tout, et de loin... mais d'abord, commencez par rompre mon lien conjugal. Si vous réussissez, comptez sur ma reconnaissance.

La meilleure est celle que j'ai dans ma poche, riposta mon drôle qui essaya de se verser encore une rasade; mais il avait épuisé bouteilles et carafons. Je ne jugeai pas à propos d'en faire venir d'autres ne voulant pas prolonger l'entretien jusqu'au lendemain.

Balmaque se leva alors et me dit.

— Nous allons entamer sur-le-champ la procédure.

— Non pas.

Il resta un instant interdit et il s'écria:

— Vous hésitez à attaquer?

— J'ai mieux que cela.

— Bah ! quoi donc?

— Ce n'est pas moi qui demanderai la nullité, c'est mon père.

— Parfait ! Très bien joué !

— N'est-ce pas, maître Balmaque? Mon père gagnera cent fois plus facilement que moi; avec lui, pas d'hésitation possible.

— C'est certain.

— Puis, je garde le beau rôle. Je parais désolé du procès fait par mon père, on me plaint, on m'admire, on blâme la sévérité du comte, et je dupe tout le monde, mon père, la société et Francesca. Je serai de moitié dans son martyre. Qu'en pensez-vous?

— Monsieur le vicomte, je vous admire; vous étiez digne d'être mon fils !

— Merci ! c'est trop !

— Non, non, ceci est de la haute rouerie; je n'aurais pas trouvé mieux, seulement un mot ?

— Parlez.

— Monsieur le comte sait-il qu'il a le droit de faire rompre ce mariage?

— Non, et vous avez raison, il faut l'éclairer sur ses droits; mais comment?

Une lettre anonyme au besoin, fit le Balmaque, puis il faudra lui choisir un avocat.

— Ah ! soyez tranquille, je connais mon père, il prendra l'homme le plus honnête et le plus habile du barreau.

— Voilà justement ce qu'il ne faut pas... Un avocat honnête!... ça n'a pas le sens commun... Ces avocats-là gâtent tout... Ils ne plaident pas les procès... ils les arrangent.

— Soyez sûr, Balmaque, que mon père ne transigera pas.

— Qu'en savez-vous? qui vous assure qu'un de ces mauvais avocats comme il y en a tant à Paris, ne fera pas redouter à M. le comte le scandale des journaux, des plaidoiries; s'il ne lui conseillera pas d'accepter les faits accomplis, quitte à ne pas voir sa belle-fille?... Alors vous resterez dans la glu du mariage!... Croyez-moi, méfiez-vous d'un avocat honnête.

— Vous voyez juste.

— Balmaque continua.

— Je vous en enverrai un à moi... mon meilleur ami... un second moi-même... Il a été rayé du tableau... c'est une distinction assez rare... Il plaide toutes mes causes... Quand celui-là met ses lunettes dans un procès, il ne le lâche plus... C'est un crampon judiciaire... Il ferait plaider votre main droite contre votre main gauche... Vous lui promettrez six mille francs s'il réussit, et rien s'il perd... Ça le forcera de gagner. La seule difficulté maintenant, c'est de le faire accepter par votre père.

— J'y aviserai.

Balmaque allait sortir, je l'arrêtai.

— Un conseil? je voudrais que ma femme fût avertie de la possibilité d'un procès, de la nullité de son mariage, et je ne veux pas lui en parler le premier.

— Je m'en charge.

— Très bien. Alors venez dîner aujourd'hui avec nous.

— A quelle heure?

— A sept heures... Et ne sentez pas trop le tabac... Tenez, voici pour acheter une redingote et des gants.

Balmaque tendit la main; j'y plaçai un billet de cinq cents francs.

Le drôle s'inclina jusqu'à terre et sortit à reculons.

———

Francesca à la signora Flavia Mariani, à Florence.

Paris

Tu croyais certainement que mon malheur ne pouvait être plus grand, n'est-ce pas, cousine? Je le croyais comme toi; eh bien, toutes deux nous nous trompions étrangement.

Ce matin, le valet de chambre de Robert m'a apporté une lettre de son maître, comme s'il ne pouvait venir lui-même; nos chambres se touchent presque.

Robert m'avertit qu'il dînera avec moi.

A l'heure indiquée, je suis entrée dans le salon, mon mari s'y trouvait en compagnie d'un certain M. Balmaque dont la figure féline, les allures mielleuses et le regard faux m'ont immédiatement déplu.

Je ne sais où ce singulier convive est allé chercher sa toilette; mais son pantalon traîne à terre, son habit est trop large pour sa maigre personne, et sa poitrine est affligée d'une énorme chaîne et de breloques encore plus énormes qui me paraissent contenir plus de cuivre que d'or. Ajoute à ces détails une cravate d'un blanc douteux taillée sans doute dans des morceaux de mousseline à cataplasmes, des lunettes d'argent, et un de ces chapeaux en forme de melon qui donnent l'air commun aux hommes distingués, mais ne donnent pas l'air distingué aux hommes communs comme M. Balmaque.

Le début du dîner n'a pas été bien animé; chacun paraissait contraint.

Après une série de conversations fort banales, le hasard voulut que M. Balmaque vînt à parler de monsieur le comte.

Je reprochai doucement alors à mon mari de ne m'avoir pas encore conduite auprès de son père depuis quarante-huit heures que j'étais arrivée.

Robert s'excusa légèrement.

Ici, le Balmaque, qui aurait dû d'autant plus se taire qu'il dévorait à longues dents une énorme tranche de filet de bœuf, le Balmaque articula cette phrase fortement vinaigrée, mais débitée avec onction.

— M. le comte ne reçoit aucun étranger.

Comme tu dois le penser, je fus profondément blessée de cette observation aussi impertinente que déplacée, et je fis observer à ce monsieur que je n'étais pas une étrangère pour M. le comte d'Olonne, mais sa belle-fille.

Alors cet homme, cessant de me regarder, se tourna vers Robert et, du ton le plus singulier, lui jeta ces deux mots comme point d'interrogation?

— Sa... belle-fille?

Mon mari ne répondit rien.

Je me sentis plus outragée, plus humiliée de l'attitude de Robert que de l'observation malséante de son convive, et je répliquai avec vivacité.

— Mon ami, dites à monsieur, qui l'ignore, je le vois, que je suis la vicomtesse d'Olonne. Puisque monsieur nous fait l'honneur de s'asseoir à notre table, il est juste de lui apprendre que la femme qu'il a devant lui n'usurpe ni la place qu'elle occupe ni le nom qu'elle porte, ce dont monsieur me paraît douter.

Au lieu de répondre franchement, je vis, avec stupéfaction, mon mari s'engager dans un dédale d'explications parfaitement déplacées.

Alors maître Balmaque, c'est ainsi que Robert appelle cet individu, maître Balmaque reprit la parole, et affectant un air de bonhomie qui s'alliait mal avec sa figure de chat-tigre, il me dit :

— Madame, l'embarras dans lequel vous vous étonnez de voir M. le vicomte, ne peut surprendre que vous ici ; il ne m'appartient pas assurément de vous éclairer sur votre situation ; je n'ai pas mission pour cela ; je n'oserais le faire qu'avec votre aveu...

Tout ceci était dit lentement, avec des réticences calculées, mon mari avait fait signe aux domestiques de sortir ; je n'y tins plus, et je m'écriai :

— Mon aveu ?... Pourquoi ?... qu'avez-vous à m'avouer ?... si vous avez quelque secret à me faire connaître, eh ! monsieur, parlez, parlez... je ne crains rien, parlez.

— Puisque vous m'y autorisez, madame, je vais le faire... continua ce misérable de l'air le plus contrit, je vais le faire avec la certitude de vous rendre un grand service ainsi qu'à M. le vicomte, mon ami.

Robert fit un mouvement et fronça le sourcil.

Balmaque poursuivit :

— Madame, M. d'Olonne a de grands reproches à s'adresser... mon ami ne les lui a pas ménagés ; vous serez assurément moins sévère pour lui, car il mérite toute votre indulgence à cause de l'amour qu'il vous porte, mais enfin il ne vous en a pas moins trompée jadis.

— Trompée ?...

— Oui, la violence de sa passion pour vous l'a entraîné...

— Entraîné?... Mais achevez donc, monsieur, vous me faites mourir?

— Vous l'exigez?... reprit l'homme aux lunettes d'argent avec componction, j'obéis... M. le vicomte vous a épousée; mais son père n'a jamais donné son consentement.

Je me mis à rire, et je lui répondis.

— N'est-ce que cela? alors je puis vous rassurer; car le consentement de M. le comte d'Olonne au mariage de son fils avec moi a été remis au consulat de France, et j'ai des lettres de M. le comte qui confirment ce fait.

L'homme me fixa un peu de temps, puis, scandant pour ainsi dire ses paroles, il reprit :

— Et si ces lettres, si ce consentement étaient faux?

— Faux!

— Oui... que diriez-vous?

Je réprimai mon indignation, mon horreur et, me tournant vers Robert, je m'écriai :

— Ce n'est pas à moi de répondre à une pareille infamie, à une supposition déshonorante pour toi... Tu entends?... Dis donc à cet homme qu'un d'Olonne n'est pas un faussaire!... Dis-lui qu'il en a menti!

Robert eut alors un sourire qui me fit frissonner et, froidement, il me répondit en choisissant un cigare.

— Balmaque n'a pas menti :

— Quoi! ces lettres que votre père m'adressait?

— C'est moi qui les ai écrites.

— Vous m'avez trompée?...

— Je vous aimais, c'est mon excuse.

— Ah! ne me parlez plus de votre amour! m'écriai-je avec indignation, vous n'en avez plus le droit, vous qui m'avez abusée avec tant de perfidie.

Ma tête se perdait... je fondis en larmes...

Quand il me fut possible de parler; car les sanglots étouffaient ma voix, je demandai si véritablement M. le comte n'avait pas donné son consentement.

— Il a fait plus que de ne pas le donner, me répondit tranquillement mon mari, il l'a refusé.

— Sait-il au moins que j'ai été lâchement abusée par son fils à l'aide de lettres fausses?

— Non, ma foi, il l'ignore.

— Alors, comme je ne veux pas qu'il me prenne pour une créature aussi méprisable que son fils, je vais tout lui dire.

— Gardez-vous-en bien, chère amie, me dit Robert tout en fumant, il ne vous recevra pas.

— C'est impossible; car qu'il ait ou non refusé son consentement, je n'en suis pas moins votre femme.

Je sortais déjà lorsqu'un mot, lancé par M. Balmaque m'arrêta sur le seuil de la porte.

— Madame, me demanda cet homme, êtes-vous bien sûre d'être la femme de monsieur?

— Voilà une étrange question...

— Pas aussi étrange qu'elle peut vous le paraître au premier abord, repartit ce coquin. Pour être la femme d'un homme, il faut avoir été mariée avec lui, et pour être mariée avec quelqu'un légitimement, il faut avoir observé certaines formalités légales absolument nécessaires pour que l'union soit valable. Sans cela, un mariage est nul. Or, chère madame, êtes-vous certaine que ces formalités, ces règles indispensables aient été remplies?

— D'autant plus certaine, monsieur, répondis-je avec hauteur, que ma mère et moi, ignorantes de la loi française, nous nous en sommes rapportées à l'honneur de M. le vicomte d'Olonne. Est-ce vrai, Robert?

— Très vrai, chère amie.

L'homme aux breloques se hâta d'ajouter.

— La parfaite loyauté de M. le vicomte et son honorabilité ne peuvent faire l'objet d'aucun doute; mais à Milan... je le constate avec chagrin... je le constate à regret... on ne s'est pas montré suffisamment rigoureux... Il n'est pas douteux pour moi que les formes légales n'ont pas été observées, et que si votre mariage était attaqué... par exemple au nom du père de M. le vicomte, il serait certainement cassé.

A ce coup inattendu, je faillis tomber à la renverse... je me cramponnai à un meuble... je sentais que je devenais folle !... un flot de pensées, plus terribles les unes que les autres, envahissaient mon cerveau, je voyais mon déshonneur... je n'étais plus alors que la maîtresse de Robert... mon fils n'était plus qu'un bâtard !...

Oh ! ce que j'ai souffert dans cette seule minute !... Dieu seul le sait qui sait tout !

Personne n'osait parler; le silence le plus effrayant régnait dans la salle...

Je trouvai enfin le courage de questionner mon terrible convive.

— Monsieur, lui dis-je, admettons, ce que je ne crois pas, admettons l'hypothèse posée par vous, qui aurait le droit de demander la nullité?

— D'abord, votre mari.

Je regardai Robert.

— Tu entends ?... Cette nullité, est-ce toi qui l'invoquera ?

— Oh ! jamais! jamais ! ma chère Francesca, s'écria mon mari avec un élan de cœur qui me transporta de joie.

— Je n'en doutais pas, lui répondis-je... qui donc aurait encore le droit de m'attaquer pour cause de nullité?

— M. le comte d'Olonne.

— Vous a-t-il dit qu'il le ferait ?

— Non.

— Etes-vous autorisé par lui à me parler comme vous venez de le faire?

— Non

— Et par mon mari ?

— Non plus.

— Alors monsieur, repris-je avec la plus grande fermeté, si vous n'êtes autorisé ni par mon mari, ni par mon beau-père à me tenir un pareil langage, d'où vient que, de votre propre mouvement, vous prêtez à mon mari et à son père la pensée de l'action la plus odieuse et la plus méprisable ?

Le Balmaque resta bouche béante et complètement interdit. Si retors que je le suppose il ne trouva rien à répondre. Je repris alors:

— Voyons, monsieur, puisque personne ne vous a commandé de parler ainsi que vous venez de le faire, vous devez avoir, pour agir d'une pareille façon, quelque motif secret que je ne puis deviner. Ce n'est pas seulement pour le plaisir de m'être désagréable ?

— Certainement.

— Vous avez un but, un but que je ne puis pénétrer; pouvez-vous me l'expliquer?

— Bien volontiers, madame. Il vous prouvera ma vénération, mon dévouement pour l'illustre maison d'Olonne dont je suis l'humble serviteur.

Après ce préambule emphatique, mon homme continua comme il suit :

— Mon but, tout à fait pur et désintéressé, c'est de rendre le repos à une noble famille pour laquelle je suis prêt à verser mon sang.

Vous avez un rôle magnifique à jouer, un rôle qui convient admirablement aux sentimens délicats que M. le vicomte vous connaît. M. le comte, il n'en faut pas douter, va refuser de vous reconnaître pour sa belle-fille, c'est son droit, nous ne pouvons nous y opposer ; il poursuivra la nullité de votre mariage, c'est encore son droit ; il l'obtiendra, à mes yeux, moi, jurisconsulte, il gagnera cent fois son procès.

Or qui va-t-il trouver pour adversaire? son propre fils ; car, n'en doutez pas, madame, malgré son air froid et indifférent, M. le vicomte est désolé, M. le vicomte vous aime, il est prêt à se fâcher avec son père pour s'unir à vous contre les sévérités légales, mais désolantes de M. comte d'Olonne.

A cette heure, il dépend de vous ou de rendre la paix à cette famille désunie ou de voir un fils chassé par son père, peut-être même maudit.

— Et comment donc pourrais-je empêcher ceci, monsieur ?

— Par le plus grand, le plus noble des sacrifices, en laissant prononcer la nullité de votre mariage sans vous y opposer.

— Vous oubliez que je suis mère, monsieur et que si j'étais assez faible pour renoncer à mes droits d'épouse, j'ai le devoir de défendre les droits de mon enfant.

Le triste compagnon de Robert qui peu à peu démasquait son jeu, s'empressa de me rassurer en ces termes :

— L'avenir de votre enfant n'aurait pas à en souffrir. La loi lui accorde de porter le nom de son père ; elle lui attribue aussi une large part dans la succession paternelle. Quant à vous, madame, vous pouvez être certaine que la générosité de M. le vicomte...

Tu connais ma vivacité? Il y avait longtemps trop longtemps même que je me contenais ; cette offre d'argent, cette générosité mise en avant, tout cela me révolta. J'éclatai enfin et, regardant jusque dans le blanc des yeux maître Balmaque, je le foudroyai avec cette apostrophe :

— Ainsi, vous pensez que je vais accepter votre honteux marché? Quelle femme croyez-vous donc que je sois? Et vous-même, pour me proposer cette indigne transaction, quelle sorte d'homme êtes-vous donc?

— Madame!... cria le Balmaque devenu blême de colère.

— Je commence à croire, tant vous y mettez d'insistance que vous m'avez menti tout à l'heure, que vous êtes chargé de sonder mes intentions et qu'on vous a payé pour remplir cette ignoble mission.

Sachez, monsieur, qu'il n'y a pas moins de lâcheté à insulter une femme qu'à la frapper et, depuis une heure, vous m'outragez indignement.

En me menaçant d'être repoussée par mon beau-père, et abandonnée par mon mari, vous nous faites à tous les trois la plus sanglante injure, et c'est encore moi que votre boue salit le moins. Je suis toujours la vicomtesse d'Olonne, monsieur, vous l'oubliez trop, je vais vous le rappeler. Vous êtes chez moi, étant chez mon mari, je ne vous laisserai pas m'insulter plus longtemps, et je vous défends de me tenir un tel langage.

Le misérable me regardait avec stupeur; il s'éloigna de quelques pas et me jeta de loin cette dernière méchanceté :

— Avant huit jours, vous serez moins arrogante; avant six mois, vous serez vicomtesse d'Olonne comme je le suis.

— C'est ce que je vais savoir, m'écriai-je en m'élançant hors de la pièce.

— Où allez-vous? me demanda Robert.

— Chez votre père, lui répondis-je. Je descendis rapidement l'escalier.

J'aperçus un valet et je le priai de m'annoncer au comte.

Le domestique hésita quelques instants, mais comme le bruit s'était répandu dans l'hôtel que j'étais la femme légitime de Robert, cet homme me conduisit aux appartements du comte.

Arrivé devant une des portes, il sonna, on ouvrit.

— Madame, dit mon conducteur, désire parler à M. le comte.

— Qui annoncerai-je à M. le comte? demanda le valet qui venait de m'ouvrir.

— La vicomtesse d'Olonne, répondis-je froidement.

Le domestique s'attendait probablement à cette réponse et à ma visite, car il ne manifesta aucune surprise. Il s'empressa de m'avancer un fauteuil dans le salon où il m'avait introduit, puis il sortit.

Un temps assez long se passa, enfin il revint, et il me dit.

— M. le comte regrette qu'il ne lui soit pas possible de recevoir madame.

J'avais prévu cette réponse d'après la conversation de maître Balmaque, aussi je priai le domestique de me donner ce qu'il fallait pour écrire, et je me hâtai de jeter les lignes suivantes sur le papier :

    « Monsieur le comte,

    « Si c'est un titre à vos yeux d'avoir contribué à sauver de la mort votre fils unique, je n'en invoque pas d'autre pour vous prier de me recevoir.

    « Après m'avoir écoutée, vous serez libre de me repousser; mais si vous êtes un homme juste comme on l'assure, vous commencerez par m'entendre.

        « Votre servante,

                            « FRANCESCA NÉRI-DONI. »

— Ayez l'obligeance de porter cette lettre à M. le comte, dis-je au valet.

— M. le comte m'a défendu...

— De lui remettre aucune lettre de moi?

— Sous peine d'être chassé...

A cet aveu, je m'arrêtai. Je ne voulais pas faire perdre à cet homme sa place et son pain.

Je repris ma lettre et je me sentis à ce moment si découragée, si accablée, que je fondis en larmes tout en sortant.

Le brave garçon qui m'avait repoussée fut sans doute touché de ma douleur; car il courut après moi, me prit ma lettre des mains, et murmura tout bas à mon oreille.

— Quoi qu'il puisse m'arriver, madame, je vais la porter à M. le comte; veuillez m'attendre. Et il disparut sans attendre ma réponse.

Je demeurai seule et pleine d'anxiété.

Un instant après j'entendis du bruit et les éclats d'une voix pleine de colère et de menaces.

Dix minutes au moins se passèrent au bout desquelles mon protecteur revint d'un air triomphant.

Il me dit à mi-voix :

— Madame la vicomtesse peut entrer, M. le comte l'attend.

Il inclina la tête en signe de salut poli. (Page 89.)

Puis il ajouta plus bas encore :

— Je demande à madame la vicomtesse la permission de ne pas l'annoncer.

Il ouvrit vivement une porte et je me trouvai dans un vaste salon faiblement éclairé par de rares bougies.

Un grand vieillard à la mine imposante, aux cheveux longs et blancs retombant sur le col de sa redingote, à l'œil sévère et interrogateur, se tenait debout auprès de la cheminée.

Il inclina la tête en signe de salut poli, mais sans m'offrir un siège.

Il tenait ma lettre à la main. Ma destinée allait se décider.

— Madame, me dit-il, vous avez invoqué avec raison le service que vous m'avez rendu en donnant vos soins à mon fils; recevez tous mes remerciements.

— Monsieur le comte, ai-je répondu, je me sens profondément humiliée d'avoir été contrainte de faire allusion à ce service; car je devais être la dernière à me le rappeler et surtout à vous en parler. Il ne faut rien moins pour me justifier que les circonstances exceptionnelles et affreuses au milieu desquelles je me débats.

Je vous ai demandé ce moment d'entretien, non pour vous parler de mon dévouement envers votre fils; mais pour vous dire que l'on s'est lâchement servi de votre nom afin de me perdre, de me voler mon honneur, l'honneur de mon enfant.

— Je ne saurais vous comprendre, fit froidement le comte, expliquez-vous.

Alors je lui racontai tout, le duel de Robert, mes soins, les tentatives de violence sur moi, ma fuite au couvent, notre mariage, la mort de ma mère qui me laissait sans protection, et enfin la révélation qu'on venait de me faire que mon union était entachée de nullité.

Je fis plus, je lui montrai la lettre dans laquelle il était censé accorder son consentement.

— Cette lettre n'est pas de moi, murmura-t-il en pâlissant, c'est un faux!

Le comte m'avait écoutée jusque-là avec une attention soutenue, même avec intérêt. Sa figure sévère s'était peu à peu adoucie; il m'avait avancé un fauteuil, s'était assis en face de moi, et ses yeux ne m'avaient plus quittée.

Mais quand je lui ai eu fait lire toutes les fausses lettres que Robert m'avait remises comme émanant de son père, le comte se leva vivement, sonna, et donna l'ordre de faire venir sur-le-champ son fils.

En attendant Robert, le comte m'adressa plusieurs questions avec beaucoup de douceur.

Robert entra; il était suivi de maître Balmaque.

Le comte s'en aperçut, réprima un mouvement de colère, mais se contint et parut ne pas avoir vu l'agent des affaires véreuses qui semblait fort embarrassé de sa personne.

— Monsieur, dit le comte en s'adressant à son fils, je ne mets pas un seul instant en doute la sincérité de madame; mais ce qu'elle vient de me révéler est d'une telle gravité que je désire vous voir vous disculper à ses yeux encore plus qu'aux miens.

Je ne puis croire que, pour arriver à un mariage avec madame, vous ayez osé vous servir de mon nom, et devenir faussaire.

Robert essaya de tourner la situation en plaisanterie et répondit en parodiant ce vers des *Enfants d'Édouard*.

— Voilà pourtant, mon père, où peut mener l'amour.

— Au bagne! s'écria le vieux comte d'une voix tonnante. Oui, monsieur, au bagne! si je le voulais, ou si cette jeune femme vous dénonçait!

Voyant Robert désarçonné, maître Balmaque, qui jusque-là s'était tenu prudemment à l'écart, eut la malencontreuse pensée de venir en aide à son complice, et il hasarda une observation.

Le comte l'interrompit brusquement et lui dit :

— Qui êtes-vous?

— Mon conseil, répliqua Robert qui avait retrouvé son impudence habituelle.

Le comte sonna, son valet de chambre entra.

— Julien, lui cria le vieux comte en lui désignant le fameux juriste, prends-moi ce drôle par les épaules et jette-moi ça en bas des escaliers. Tu te laveras les mains après.

Le domestique n'eut pas cette peine, maître Balmaque était déjà loin. Le comte revint alors à moi.

— Madame, me dit-il, votre position est, en effet, tout à fait digne d'intérêt. Il n'y a qu'un coupable ici, mon fils; vous êtes la victime d'une action infâme.

Je vous plains; mais je ne puis faire davantage. Si j'avais été consulté, rien ne m'eût fait donner mon consentement; j'ai donc conservé le droit de protester contre ce mariage, de le faire annuler, et j'userai de mon droit.

— Ah! monsieur, je vous supplie!...

— Veuillez ne pas insister, madame, me répondit le comte avec la plus grande douceur, mais en même temps avec une fermeté bien accentuée, veuillez ne pas insister. Vous m'affligeriez d'autant plus qu'il m'est absolument impossible de céder.

Si digne de compassion que soit votre position, je n'en suis pas moins décidé à demander la nullité de votre mariage.

Il se leva, me salua gravement, et se retira.

Je rentrai dans ma chambre pour donner un libre cours à mes larmes. Tout m'accable!

Francesca à Flavia Mariani.

Paris.

Le procès a commencé. J'ai reçu ce matin, pour la première fois, ce qu'en France on appelle du papier timbré; un huissier me l'a remis.

Conçois-tu une situation plus cruelle? Je ne connais personne à Paris, et je n'ai à attendre ni aide, ni conseil, ni protection de personne.

Je ne sais pas un mot de la loi française, pas un mot des usages de ce pays; je ne puis demander le plus simple avis à qui que ce soit, encore moins à mon mari, car j'ai la conviction qu'il se réjouit de la possibilité de la rupture de notre mariage.

Il va falloir, me dit-on, choisir un avoué, un avocat; à qui m'adresser? Je suis épouvantée de mon isolement.

Francesca à Flavia Mariani.

Paris.

Un événement imprévu, inouï, tout à fait inattendu, vient de me combler de joie, et peut changer ma situation.

Ce soir, Robert est venu me trouver, et, après quelques explications assez embarrassées, il a repris en sous-œuvre la fameuse thèse développée par maître Balmaque pour m'amener à donner mon consentement à l'annulation de mon mariage, afin d'éviter le scandale des plaidoiries.

Comme tu le penses bien, j'ai refusé, refusé avec énergie, avec indignation. Mon mari a insisté.

— A quoi bon engager une lutte inutile? a-t-il objecté; pourquoi vous défendre devant les tribunaux, quand vous savez maintenant que votre procès est perdu à l'avance?

— Rien ne me fera céder, ai-je répondu, rien. Ce n'est pas seulement mon honneur, ce ne sont pas seulement mes droits que je défends, c'est encore l'honneur et les droits de mon enfant, du vôtre, Robert.

Comment, moi, moi votre femme légitime devant Dieu qui a béni notre union au pied de ses autels, vous voulez que je descende sans lutter à n'être plus que votre maîtresse? jamais!

— Les tribunaux vous condamneront.

— C'est impossible! Je ne connais pas vos lois; mais elles ne peuvent être que justes et morales; or ceci est injuste et immoral!

Quoi! vous pouvez penser que, pour de simples formalités omises, on briserait la vie d'une femme? Quoi! l'erreur d'une famille étrangère ignorante de vos coutumes et de votre législation, la négligence ou la connivence coupable d'officiers publics feraient délier par la justice humaine ceux que la volonté de Dieu a unis d'une façon indissoluble?

Comment, pour un vice de forme, un simple oubli, un misérable débauché, dégoûté de celle qu'il avait choisie pour femme, aurait le droit de la rejeter déshonorée en lui disant : — Je ne te connais plus; garde ta honte, garde ton enfant qui n'est plus qu'un bâtard, et moi je reprends ma liberté?...

Je n'eus pas la force d'aller plus loin; je tombai accablée sur un fauteuil, et à la pensée que mon fils n'allait plus être qu'un bâtard, mes sanglots éclatèrent, plus violents que mes reproches.

Mon mari était resté debout, appuyé contre la cheminée, et m'écoutant sans rien répondre avec le plus suprême dédain.

Quand les larmes m'eurent empêchée de parler, il me dit froidement.

— Vous avez fini? Ça n'est pas malheureux! Quel bec! Vous êtes assommante, ma chère. Allons, ne posez donc pas? Je suis meilleur que vous ne paraissez le croire. Si vous acceptez mes propositions, si vous m'aidez à empêcher un scandale, je vous promets une pension pour vous et pour votre enfant, une pension dont vous-même fixerez le chiffre.

— Je ne vends pas mon honneur, ai-je répliqué vivement, et je n'ai pas le droit de vendre l'honneur de mon fils.

— Oh! des phrases! de grands mots!

Il quitta sa place, et se promena quelque temps dans la pièce sans que rien troublât le silence; il semblait soucieux.

Je me levai, et j'allai vers lui; je me laissai glisser à ses pieds et, au milieu de mes larmes, je trouvai encore la force de lui dire à travers mille sanglots:

— Robert! mon Robert bien-aimé, m'as-tu donc condamnée?... Qu'as-tu à me reprocher?... Est-ce que mon cœur, mon amour, ma vie ne sont pas à toi?... Quand tu m'as épousée, tu m'aimais; qui donc a pu te faire perdre ton amour?... Tu sais bien que je ne t'ai épousé ni pour ton titre ni pour ta fortune; c'est toi, toi seul que j'aime!... Ne m'abandonne pas, Robert; mon Robert bien-aimé, ne me déshonore pas!

Je me traînais à ses pieds en couvrant ses mains de baisers et de larmes.

Malgré ses efforts, malgré la dureté de son cœur, il était visiblement ému. Il ne me repoussait plus. Il balbutia pour toute réponse :

— Jamais, mon père ne cédera.

Je repris aussitôt.

— Qu'en sais-tu? Essaye de le calmer... Il ne veut pas me voir? Eh bien, je ne paraîtrai jamais devant lui... Je quitterai cet hôtel où il pourrait me rencontrer... J'irai vivre dans une petite chambre, seule avec mon fils... et tu viendras nous y voir seulement quand cela te plaira, quand il te plaira d'embrasser ton enfant... Tu verras comme il est gentil, comme il t'aimera !... Je ne te demande rien pour lui, rien pour moi, rien que ton nom... Je travaillerai pour vivre, je travaillerai pour élever notre cher petit ange... Puis un jour, lorsque tu verras ton père moins irrité, tu lui parleras peu à peu de ce doux trésor... C'est son trésor à lui aussi, c'est son petit-enfant... On m'a toujours dit que le cœur des grands-parents était plus tendre encore que celui des père et mère ; ah ! je le sens à l'immense tendresse que j'ai pour mon fils, ton père n'aura rien à te refuser si tu le pries au nom de ce pauvre petit être qui vient à peine d'entrer dans la vie et dont on veut déjà faire un orphelin... Robert, mon ami, mon bien-aimé, n'est-ce pas que tu le veux bien ?

— C'est impossible ! Voyons, assez de pleurs et de criailleries ! je connais mon père, il sera inflexible.

— On me l'a dit ; mais on m'a dit aussi qu'il était bon, juste, loyal, plein d'honneur, m'écriai-je exaspérée ; il ne s'associera pas à une lâcheté, à une infamie ; il ne se fera pas le complice d'un faussaire et d'un misérable comme votre M. Balnaaque.

Le désespoir égarait ma raison.

J'avais à peine terminé ces paroles qu'une porte de côté s'ouvrit vivement, et je vis apparaître le vieux comte d'Olonne pâle, ému, frémissant, et qui s'écria :

— Vous dites vrai, ma fille, j'ai horreur de toutes ces hontes !

Robert recula terrifié. Je tombai épouvantée aux genoux du vieillard, en murmurant :

— Pardon ! pardon, monsieur !

Il me releva vivement, me serra dans ses bras en m'embrassant, et ajouta simplement.

— Ne dites plus monsieur ; désormais, dites mon père ; à partir de ce moment, je suis votre père, ma chère fille.

— Mon père ! vous ?

— Oui, moi, moi le grand-père de votre enfant... Tout à l'heure, en vous écoutant derrière cette porte, je me sentais remué jusqu'au fond des entrailles... Cet enfant, je veux le voir, je veux l'embrasser... C'est mon sang !... C'est mon petit-fils !... C'est lui qui portera plus tard mon nom !... Qu'on le fasse venir... venir sur-le-champ, je le veux !

Il sonna violemment, et il donna l'ordre de lui amener tout de suite l'enfant. Robert était atterré.

La nourrice entra portant le petit ; le vieux comte le prit dans ses bras, et le considéra longuement. Des larmes coulaient sur ses joues. J'ai su depuis par lui que la figure de mon fils lui avait rappelé celle de sa femme morte très jeune, et à laquelle Robert ressemble beaucoup.

Le comte avait pris l'enfant dans ses bras, et la pauvre petite créature, loin d'être effrayée par l'aspect imposant de ce vieillard, semblait comprendre tout ce que cette situation si tendue offrait pour elle de dangers ou d'espérance.

Elle souriait à son grand-papa, elle se penchait pour l'embrasser, et ses petites mains se promenaient à travers les cheveux argentés qui descendaient jusque sur le cou du vieux comte excessivement ému.

Alors le père marcha droit au fils, et lui présenta l'enfant comme pour lui dire :

— Embrasse-le.

Mon mari se rejeta vivement en arrière, il fit un geste de dégoût, puis sans prononcer une seule parole, il nous quitta brusquement.

Le vieux comte me jeta alors un long regard de compassion, puis ramenant ses yeux sur mon fils qu'il rendit à la nourrice.

— Pauvre enfant! murmura-t-il avec tristesse; pauvre mère!

Je cherchai à recouvrer mon sang-froid et à redevenir maîtresse de moi, et je dis au comte:

— Monsieur...

Il fit un mouvement de mécontentement. Je me hâtai de reprendre:

— Mon père, j'ai compris le silence de Robert, il m'abandonne, et son abandon doit me dicter ma conduite. Ma place n'est plus ici. Aujourd'hui même j'aurai quitté votre hôtel.

— Non pas, repartit avec vivacité le vieillard, non pas! N'oubliez pas, ma chère fille, ma chère Francesca, qu'ici vous n'êtes pas chez votre mari, mais chez moi, chez moi votre père.

Je vous prie, au besoin je vous ordonne de rester chez moi. Je vais donner des ordres pour que l'autre aile de mon hôtel soit disposée; vos appartements seront prêts avant ce soir. Je fis un mouvement; le comte reprit aussitôt:

— Pas de refus, je n'en admets pas. Unissons nos deux courages pour résister à ce... à ce bandit, puisqu'il faut lui donner son vrai nom. La loi sera de son côté, je le crains; mais du moins nous aurons pour nous l'opinion publique; nous aurons les femmes, les mères, les hommes honnêtes, car nous défendrons l'honneur des familles. Allons, ma fille, du courage, de l'énergie, et apprêtons nous à lutter!

— Lutter! m'écriai-je; lutter! Comment, vous pensez que Robert poursuivra un pareil procès quand vous-même vous faites le sacrifice d'y renoncer?

— Vous ne connaissez pas encore mon fils, ma pauvre enfant, ce procès sera entamé dès aujourd'hui. Ne comptez plus sur votre mari; mais appuyez vous sûrement et sans crainte sur moi; cet appui-là ne vous fera plus jamais défaut. Là où est l'honneur, là où est la vertu, on m'y a toujours rencontré. Ne désespérons pas; mais préparons-nous à la résistance.

Je n'habite plus le logement de mon mari, monsieur le comte, j'ai beaucoup de peine à m'accoutumer à dire mon père, m'a installée dans les appartements occupés autrefois par sa femme, et qui étaient restés inhabités depuis sa mort.

CARNET

Paris.

Oh! là drôle d'aventure!

Elle va me distraire de mes ennuis matrimoniaux, et de mon futur procès contre Francesca, procès que maître Balmaque poursuit avec une vigueur inouïe.

Mon père a pour cocher un bélâtre du nom de Benoist.

M. Benoist, comme on dit à l'office, est un joli garçon de trente ans, non moins rudement membré que les percherons de ses écuries; il possède une luxuriante chevelure aussi noire que le cirage de ses harnais, et deux favoris audacieux qui s'avancent de chaque côté de ses joues rebondies en forme de côtelettes; la côtelette se cultive beaucoup dans la palefrenerie. On peut dire de M. Benoist qu'il est pourri de chic.

Mons Benoist à toutes ces qualités en ajoute une dernière, la plus précieuse de toutes à mes yeux, il est le mari d'un petit bijou de femme.

Madame Clarisse Benoist n'a pas encore entendu sonner ses vingt ans. Elle est toute mignonnette; elle marche le nez au vent, un gentil petit nez très éveillé; elle a la joue fraîche comme une pêche, les lèvres plus rouges qu'une cerise de Montmorency, puisque je suis en veine de comparaison entre jolies filles et beaux fruits; elle a de plus, pour continuer mes comparaisons jardinières, deux seins rebondis qui portent sur les catalogues des pomologistes le nom présomptueux de — Tetons de Vénus.

Madame Clarisse Benoist est à la tête de la lingerie de l'hôtel.

Ce fut là que le hasard me la fit rencontrer un jour sous un monticule de batistes, de toiles de Roubaix, et de taies d'oreillers armoriées. Il y a huit jours de cela.

Cette rencontre fortuite m'ayant laissé un de ces souvenirs agréables que l'on désire voir se renouveler, et Clarisse ayant paru fort enchantée de cette première entrevue, il fut convenu qu'une deuxième conférence aurait lieu le plus tôt possible.

Or il advint qu'hier mon père monta dans son landau, et annonça qu'il passerait deux ou trois jours chez de vieux amis à Nogent-sur-Marne.

M. Benoist conduisant le landau, madame Benoist devenait disponible.

A onze heures du soir, l'hôtel commençant à s'endormir, je fis mon apparition dans la chambre des Benoist.

Il y avait tout au plus une heure que j'y étais, lorsque j'entendis la porte rouler sur ses gonds en grinçant.

Je tressaillis, je prêtai l'oreille; Clarisse tressaillit et prêta l'oreille.

Il y avait quelqu'un dans la chambre; il y avait un homme; car les pas étaient horriblement pesants.

Un voleur, ou un voisin de chambre qui se trompe, pensai-je; que le diable l'emporte!

Nous aurions bien dû mettre les verrous. On ne pense pas à tout.

Ce n'est pas un voisin importun, ce n'est pas un voleur, c'est Benoist.

C'est Benoist qui grogne; parce que, dans l'obscurité, il ne peut trouver les allumettes.

Les allumettes!

Ah! le malheureux! s'il les trouvait, quel tableau il éclairerait!

Le cocher a beau s'épuiser à demander.

— Clarisse, dors-tu! Clarisse, où sont les allumettes?

Clarisse ne bouge pas, Clarisse semble la statue du sommeil.

Son cœur bat d'une force terrible; moi-même je suis peu rassuré. Je me rappelle la baignoire de la baronne. Quel est le bain qui m'est réservé pour cette nuit?

Tout en cherchant la boîte aux allumettes, le cocher ajoute :

— M. le comte s'est trouvé indisposé, alors nous sommes revenus.

Enfin Benoist renonce à se procurer de la lumière, et je l'entends au pied du lit retirer ses bottes, retirer son pantalon, retirer son habit! Que ne retirait-il pas?

Cette velléité de vouloir se coucher commence à m'inquiéter.

Tout à coup un craquement se fait entendre, et M. Benoist grimpe dans notre lit.

Quelle position pour un amoureux.

Certainement le lit était trop large pour une seule personne; il était même suffisamment ample pour deux; mais pour trois, oh! non! pas pour trois!

Et il y a des maîtresses de maison qui prétendent que quand il y en a pour deux, il y en a pour trois!

J'aurais bien voulu les voir à ma place. Dès le début, j'avais essayé de me glisser entre la muraille et les matelas, et de me couler jusqu'au parquet; mais impossible de remuer cette masse. Une feuille de papier de soie n'aurait pu passer.

Il fallut me résigner.

Je me blottis contre la cloison, ayant le mur à l'est, et le corps de Clarisse à l'ouest, brûlé au couchant, gelé au levant; la Sibérie à l'orient, le Sénégal à l'occident.

Quelle position pour un amoureux !

Pendant ce temps, M. Benoist disait à sa femme, tout en essayant de se placer sous les couvertures :

— Fais-moi donc un peu de place, Clarisse; fais-moi un peu de place.

Et alors Clarisse grognait comme doit grogner toute femme troublée dans son sommeil, et la malheureuse se serrait si intimement contre moi qu'à nous deux, nous ne devions certainement pas faire plus d'un et demi.

Enfin le cocher parut avoir réussi à faire son gîte.

— Il va ronfler tout à l'heure, pensai-je, en voyant qu'il ne bougeait plus.

Tout à coup, ô Eros ! Tout à coup, je ne sais quelle puce piqua ce mari; il se tourna, se retourna, allongea le museau, et appliqua le plus vigoureux baiser en plein sur mes moustaches.

Quelle position pour un amoureux !

— Un homme ! s'écria Benoist.

Et alors, sans crier gare, le voici qui lance à tort et à travers une volée de coups de pied et de coups de poing.

Je pare de mon mieux. Clarisse parvient à s'échapper.

Je reçois à brûle-chemise une de ces râclées qui font époque dans les annales d'un libertin.

L'enragé me saisit à la gorge; il m'étrangle; il frappe sur moi comme s'il frappait sur ses chevaux.

Quelle position pour un amoureux !

Enfin Clarisse épouvantée, connaissant le bras de fer de son mari, et tremblant sans doute pour ma vie, crie à ce butor.

— Malheureux ! ne tape pas si fort; c'est le fils de M. le comte.

Les poings de Benoist cessent de travailler.

Il était temps ! Je me dégage.

Je cherche mes habits ; je rencontre un pantalon que j'embroche, et je mets mes bottines.

Une allumette aussi discrète que chimique brille en ce moment dans l'ombre, grâce à la prudente précaution de Clarisse, et une bougie vient éclairer notre trio.

Je jette un coup d'œil rapide sur ma toilette.

O misère ! je porte le pantalon de Benoist, et Benoist se promène dans le mien.

Quelle position pour un amoureux !

Tout en terminant mes apprêts et en ajustant ma cravate, je prodigue de justes consolations à ce malheureux cocher.

Un souvenir d'*Antoni* me revient, et je m'efforce de réhabiliter la coupable en la posant comme victime.

— Elle me résistait, je l'ai !...

De son côté, Benoist, fort penaud, balbutie quelques excuses.

Je ne veux pas être en reste de bons procédés et, tout en accrochant mes bretelles :

— Voyons, Benoist, lui dis-je, il n'y a pas là de quoi vous désoler... surtout il ne faut pas garder rancune... à votre femme... moi seul suis coupable... Elle, elle est restée vertueuse... et pure... je venais d'entrer... d'entrer dans la chambre... par surprise... avec une fausse clef... Elle me repoussait... Je vous jure, Benoist, qu'il n'y a rien eu entre nous !..

Et Benoist de me répondre :

LERLIER

Mons Benoist est le mari d'un petit bijou de femme. (Page 94.)

— Oh ! je ne suis pas dégoûté de monsieur le vicomte !

J'avais mis mon habit, je suis parti sur cette réponse homérique.

Francesca à Flavia Mariani.

Paris.

Mon mari ne dissimule plus ; il plaide contre moi. Son père est indigné. Ce matin il a fait venir son fils pour amener une conciliation.

L'âme remplie de douleur, d'anxiété, j'écoutais derrière la porte, comme me l'avait permis monsieur le comte.

Je l'entendis prier, supplier Robert de renoncer à un procès qui doit le déshonorer; la seule réponse de ce malheureux fut qu'il était las de moi.

— Prenez garde, monsieur, lui observa son père, prenez garde, la conscience publique se chargera bientôt de châtier tant d'infamies.

— Bah! répondit mon mari, le monde est égoïste pour tout ce qui ne le touche pas de près.

— Vous vous trompez, répliqua le comte, la cause de Francesca, c'est la cause de nombreuses familles. Quelle jeune fille, en se mariant, surtout à l'étranger, peut être certaine de ne pas être frappée comme l'est votre femme? Est-ce que tous les pères de famille connaissent la loi? Est-ce qu'aucun mariage est à l'abri d'un vice de forme? Est-ce que toutes les familles ne sont pas intéressées au succès de Francesca?

M. le comte d'Olonne disait vrai, en voici une preuve terrible.

Il y a environ vingt ans, le maire d'une commune assez importante, venait à mourir, et l'administration supérieure s'apercevait avec stupeur que, depuis plus d'un an, ce maire aussi paresseux que négligent, n'avait signé aucun des actes de l'état civil de sa commune.

Pour ne parler que de mariages, il y en avait eu un nombre relativement assez considérable, et ils étaient nuls.

L'embarras de l'administration était considérable. Impossible de signer ces actes; c'était faire un faux, c'était le bagne!

Par bonheur, le maire défunt avait un frère, et l'administration pria ce frère de se laisser nommer maire en remplacement du mort.

Le frère refusa d'abord. L'écharpe municipale, escortée de ses mille ennuis, lui souriait fort peu; mais on le mit au courant de la situation, on lui fit comprendre que, par suite de la négligence de l'ancien maire, de nombreux procès pouvaient s'engager, et qu'une grave responsabilité pécuniaire pèserait sur la succession du coupable, et le frère accepta.

Une fois maire, comme il portait le même nom que le défunt, il put signer tous les actes de l'état civil... non sans qu'il y eût là un terrible accroc à la vérité; mais on n'avait pu rien trouver de mieux pour sauver une très grave situation qui pouvait frapper nombre de familles dans leur honneur et dans leur fortune.

Plus d'un mariage a failli tomber ainsi sous le coup d'une nullité imprévue. Bien des ménages à B...... l'ont échappé belle.

Maintenant, revenons au comte d'Olonne qui, en terminant ses reproches, foudroie son fils de ces mots terribles:

— On plaindra votre femme; vous, on vous méprisera, et ce sera justice. Oui, justice, car votre caprice va créer la plus douloureuse existence à cette malheureuse, qui s'est confiée à votre loyauté, qui vous a donné son amour, sa chasteté, enfin tout ce qu'une femme a de plus précieux.

Ne vous êtes-vous donc pas encore demandé ce qu'allait devenir cette jeune femme si son mariage est annulé? Elle est femme, et elle sera censée n'avoir jamais été mariée; elle est mère, et la loi lui ordonnera de reprendre le nom de sa famille et de quitter le vôtre. Et c'est à la pauvre fille à qui vous avez juré aide et protection, c'est à votre enfant que vous réservez cette affreuse situation; non, non, cette lâcheté vous ne la commettrez pas!

Le comte s'arrêta un instant pour juger de l'effet de ses paroles ; mais Robert ne répondit rien. Il conservait un masque impassible.

Alors le père reprit :

— Votre femme est là qui attend le résultat de notre entretien ; je veux qu'elle ait avec vous une dernière explication. J'espère, pour votre honneur, que ses larmes et ses prières vous fléchiront.

M. d'Olonne alla ouvrir la porte du salon où il m'avait fait entrer ; il me conduisit jusqu'auprès de mon mari qui regardait cette scène d'un air hautain et dédaigneux, puis il nous quitta.

Je restai seule encore une fois avec Robert.

Je tombai à ses genoux ; les larmes ne me permirent pas de parler.

Mon mari se dégagea brutalement et s'écria :

— Assez pleurer ; cela m'ennuie ! Au diable vos jérémiades ! Si vous avez quelque chose à me dire, parlez, et même parlez vite, ou je file au Bois.

Ce cynisme sécha mes larmes et me rendit une partie de mon sang-froid. Je lui répondis :

— Je ne vous importunerai pas longtemps. J'ai désiré vous voir, non pour venir prier de nouveau, non pour vous ennuyer de mes pleurs, mais pour dégager votre parole.

— Je ne vous comprends pas.

— J'ai réfléchi... j'ai interrogé... Vous disiez vrai, la perte de mon procès n'est pas douteuse. Ce procès fait le désespoir de votre père, de votre père qui est si bon pour moi. C'est à lui, c'est à l'honneur de son nom, de ce nom que j'ai porté, que je fais un immense sacrifice, le plus grand qu'une honnête femme puisse accomplir. Je courbe la tête sous la grandeur de mon infortune imméritée ; je cède, je ne suivrai pas ce procès ; je m'incline devant votre arrêt avant d'être frappée par l'arrêt des autres hommes.

— Ah ! ..

— J'irai ensevelir ma honte dans l'obscurité et la retraite. Je n'emporte contre vous ni haine ni pensées de vengeance. Je vous pardonne, et quand votre fils sera grand, quand il sera en âge de comprendre les luttes et les misères de la vie, je lui enseignerai le respect de son père, l'amour de ce père qui l'a abandonné, et l'oubli du mal qu'il nous a fait.

— J'assurerai une pension à cet enfant.

— Je la refuse. Je ne veux rien vous devoir.

— Mais...

— Vous repoussez la mère, la mère repousse votre aumône. Je sais travailler.

— Puisque vous vous êtes renseignée, on a dû vous apprendre que la loi autorisait votre enfant à porter mon nom.

— Oui, la loi autorise l'enfant à porter votre nom ; mais elle ne l'y oblige pas. Ce serait une injure de plus pour moi, une souffrance ajoutée à tant d'autres. Mon fils n'est plus le vôtre, monsieur ; il est le mien. Il portera mon nom. Vous n'avez aujourd'hui pas plus d'enfant que de femme.

— Tant mieux ! Bon débarras ! Quand partez-vous ?

— Je voulais quitter cet hôtel ce soir ; mais votre père est très souffrant. Il m'a prié d'attendre son rétablissement, et je n'ai rien à lui refuser.

— A merveille. Si nous ne nous revoyons plus, adieu, ma chère, adieu !

Il a allumé un cigare, et je l'ai entendu descendre le grand escalier en fredonnant gaiement un des derniers airs de Lecocq.

Son coupé l'attendait dans la cour ; il a sauté lestement dedans en criant :

— Chez mademoiselle Césarine.

Césarine Flamant à sa sœur.

Paris.

Je t'ai écrit un jour que je saurais me venger de Robert ?

Je t'ai écrit que je déshonorerais ce misérable ; que je le ruinerais ; que, si cela me plaisait, je me ferais épouser par ce lâche, et que jamais il ne remettrait les pieds dans mon lit ?

Tu te rappelles tout cela, n'est-ce pas, sœur ?

Eh bien, la première partie de mon programme est déjà accomplie ; la seconde s'exécutera prochainement. Écoute :

Le mariage de Robert avec la signora Francesca Néri-Doni va être annulé du consentement des deux parties, ce qui me permettra d'être comtesse d'Olonne quand cela me plaira.

Remarque que je dis comtesse et non vicomtesse ; parce que le comte d'Olonne est mort avant-hier dans la nuit, mort dans des circonstances tellement dramatiques, que tout Paris s'en est ému.

Son bandit de fils hérite de la couronne de comte et d'un joli nombre de millions.

Voici le récit de cette nuit lamentable :

Je donnais à dîner et, à la suite du repas, un bal. Je n'engage jamais Robert.

Quand il vient, les domestiques, qu'il bourre d'or, lui mettent un couvert au bout de ma table, sans même que je daigne m'en apercevoir.

Comme nous nous mettions à table, Robert est entré, un peu troublé, un peu plus pâle que d'habitude ; il s'est glissé à l'une des extrémités, où on l'a servi.

Après le dîner, il s'est approché de moi, et il m'a annoncé à demi-voix qu'il venait enfin d'obtenir de sa femme son désistement, que la nullité de son mariage serait bientôt prononcée, et qu'il allait redevenir libre.

Je lui répondis sèchement :

— Peu m'importe !

Puis je lui tournai le dos et j'allai organiser les tables de jeu dans le petit salon bleu, loin de la danse et de la musique.

De temps à autre je m'amusais à circuler autour de la table où l'on avait établi un infernal baccara ; on avait commencé par l'or et les billets ; vers une heure du matin, on jouait des maisons et des fermes.

Ce fut vers cette heure-là que ma femme de chambre entra ; elle paraissait fort troublée, et elle me pria à voix basse de sortir.

Je la suivis jusqu'à mon boudoir.

— Madame me dit cette fille, le valet de chambre de M. le vicomte d'Olonne est là qui demande à parler à son maître.

— A une pareille heure ? Que se passe-t-il donc à l'hôtel ?

— Il paraît que le père de M. le vicomte se meurt.

Je ne pus me défendre d'un certain frisson ; le père se mourait pendant que le fils taillait une banque.

Je fis venir le valet de chambre; il me confirma la nouvelle.

Le comte d'Olonne était sujet à des attaques de goutte; or, à la suite d'une violente discussion avec Robert, la goutte s'était portée sur le cœur, le malade étouffait, se sentait mourir, et appelait son fils.

Le médecin affirmait que le mourant n'avait guère plus de trois ou quatre heures à vivre.

Je m'empressai de dire au valet que j'allais prévenir sur-le-champ son maître, et qu'avant dix minutes le vicomte serait à l'hôtel d'Olonne.

Je me hâtai de rentrer dans la salle de jeu. Robert tenait la banque.

— Passez la main, lui dis-je, j'ai à vous parler.

— Impossible! Voyez, me répondit le joueur avec impatience.

Il me montrait des monceaux d'or et de billets entassés devant lui.

Et, sans plus s'occuper de moi, il s'empressa de retourner des sept et des huit, tremblant que mon apparition n'eût coupé la veine.

J'essayai de nouveau de le faire sortir.

— Voyons, me dit-il avec une irritation plus accentuée, le feu est-il à votre maison? Non? Alors laissez-moi continuer.

— Non, lui répondis-je à voix basse, non, le feu n'est pas à la maison; mais votre père se meurt.

— Quelle plaisanterie!

— Je parle sérieusement... Une attaque de goutte... Le médecin vous prie de vous hâter si vous voulez embrasser votre père une dernière fois.

A cette nouvelle, annoncée par moi le plus bas possible, mais assez haut cependant pour qu'on pût l'entendre, le jeu s'arrêta instantanément.

Seul, le vicomte voulut continuer.

Il osa même s'écrier avec une sinistre gaieté :

— Décidément, ce soir, j'ai toutes les veines!

Devant cette cynique fanfaronnade, les joueurs éprouvèrent un frisson de dégoût.

Un d'eux, le vieux marquis de Fleurines se leva, s'avança vers Robert, et, versant devant lui tout l'or de ses poches, il lui dit froidement:

— Monsieur, pour que vous vouliez continuer de jouer après une si terrible nouvelle, il faut que vous ayez furieusement besoin d'argent. Voici le mien; allez voir mourir votre père.

Le vicomte furieux lança ses cartes au nez du vieillard qui venait de lui faire ce sanglant mais juste affront.

Le marquis ne perdit rien de son calme, et il répondit par ces seul mots.

— Monsieur, je viens de vous donner une leçon de respect humain, je vous donnerai une leçon d'escrime quand vous aurez enterré votre père.

Il salua et rentra dans les salons, chacun lui serrant les mains avec sympathie et montrant le plus profond mépris pour son adversaire.

Faut-il le dire, après sa sortie et malgré mon insistance, le jeu continua, ou pour mieux dire une orgie d'or et de ruines.

Robert, après avoir gagné des sommes folles, perdait maintenant trois cent mille francs sur parole.

Une heure après la scène dont je viens de te parler, deux domestiques de l'hôtel d'Olonne arrivèrent successivement, et je suppliai encore inutilement le vicomte de courir auprès de son père.

Enfin, à quatre heures du matin, au milieu de cette fête, de ces lumières, de cette musique, de ces rires, de ces danses, on m'annonça qu'une dame m'attendait dans mon boudoir, Je me hâtai de m'y rendre.

Là, je trouvai une femme merveilleusement belle, bien que son visage fût inondé de larmes.

Un voile assez épais cachait sa figure; elle l'écarta aussitôt mon entrée.

— Madame, me dit-elle avec la voix la plus harmonieuse que j'aie jamais entendue, madame, je sais que M. le vicomte d'Olonne est chez vous. Au nom du ciel, au nom de tout ce que vous avez de plus cher, ne le retenez pas. Dites-lui, je vous en supplie, dites-lui que son père se meurt et qu'il le demande.

Alors je racontai à cette dame tout ce qui s'était passé, et que Robert refusait de quitter le jeu.

Elle me dit rapidement que le médecin se déclarait impuissant à retenir la vie qui fuyait rapidement, qu'un prêtre était au chevet de ce lit de mort priant le malade de se réconcilier avec son fils avant de comparaître devant le Juge éternel.

Le moribond avait déclaré tout haut qu'il pardonnait à ce fils coupable ; mais ce pardon, il voulait le sceller, comme une suprème consolation, dans un dernier embrassement.

Au milieu de ses crises douloureuses, de ses défaillances, il appelait Robert, il s'étonnait, il se désolait de ne pas l'avoir à ses côtés; il suppliait qu'on se hâtât.

— Je vais tenter un nouvel effort, dis-je à cette dame que je prenais pour une parente de la famille, et je rentrai dans la salle de jeu.

Robert se levait, il avait perdu près d'un demi-million sur parole.

Il était un peu plus pâle encore, ses lèvres étaient agitées par un rictus qu'il s'efforçait en vain de réprimer, mais sa tenue était calme, comme doit l'être celle d'un beau joueur.

— Venez, lui dis-je, voyant le jeu terminé.

Et je l'entraînai vers le boudoir.

La lampe ne donnait plus qu'une faible clarté.

Tout à coup, il aperçut la dame à demi voilée et il recula en s'écriant:

— Francesca !

— La dame se leva sans parler.

Le vicomte reprit :

— Vous ici, vous !

— Oui, répondit la dame d'une voix émue mais ferme, oui, moi. Je devais cette preuve de dévouement à votre père. Il veut vous voir ; ne refusez pas de venir l'embrasser. Ce sera le dernier baiser que vous donnera sa bouche. Venez.

Robert me salua et il offrit son bras à la dame qui s'inclina devant moi pendant que je la suivais des yeux avec la plus vive curiosité, et aussi, je dois le dire, avec une sincère sympathie.

Ainsi, c'était la vicomtesse d'Olonne ! Quelle beauté !

Elle a fait là, auprès de moi, une de ces démarches qu'une femme vulgaire eût repoussée fièrement et sottement.

Venir chez celle qu'elle sait avoir été et qu'elle croit sans doute être encore la maîtresse de son mari, et y venir, non pour reconquérir le cœur de l'infidèle qui la délaisse, mais pour le conduire auprès du père qui se meurt et qui veut bénir le fils coupable. Ah! cela est digne! cela est beau! cela est grand!

Cette femme-là m'est supérieure!

Beauté de l'âme, beauté du visage, beauté du corps! Et c'est elle que son mari abandonne! Ah! cet homme! Peut-on trop le mépriser.

Robert est plus lâche et plus infâme que je ne le supposais.

Quant à Francesca c'est comme je l'ai entendu mille fois répéter à Milan, c'est un ange!

Si ce coquin la garde et ne la répudie pas, par égard, par respect pour sa femme, pour cette vertu si pure, je ferai le sacrifice de ma vengeance; mais s'il se sépare d'elle!

Oh! alors, malheur à lui! Je serai impitoyable!

Je vengerai cette malheureuse en me vengeant.

Post-scriptum. — J'apprends, à l'instant, qu'une scène odieuse s'est passée au chevet du lit de M. d'Olonne.

On le croyait mort quand Robert et sa femme entrèrent dans la chambre.

Le vieux Vendéen était étendu, immobile depuis longtemps; le prêtre récitait les prières des agonisants; les anciens serviteurs, à genoux, pleuraient en silence.

La scène avait quelque chose de profondément grandiose et lugubre.

Robert entra résolument, l'air arrogant; il promena un regard rapide autour de lui.

Il fronça tout à coup le sourcil, car il venait d'apercevoir son enfant dans les bras de la nourrice; le mourant avait voulu bénir son petit-fils.

Robert haussa les épaules, et murmura entre ses dents ces mots:

— De la mise en scène comme dans les mélodrames!

Puis il s'avança l'œil sec vers le lit.

— Mon père, dit la douce voix de Francesca qui s'était penchée à l'oreille du moribond, mon père, c'est votre fils, c'est Robert qui vient vous embrasser. A ces mots, le vieux comte rouvrit ces yeux que les assistants croyaient fermés à tout jamais, il les arrêta sur son fils.

— Robert? fit-il d'une voix éteinte.

Le vicomte s'approcha.

— Prenez ma main et serrez-la dans la vôtre; car je ne peux le faire, moi. Ma main est déjà morte comme le reste de mon corps va mourir.

Robert obéit. Le vieillard continua.

— Si je vous ai paru quelquefois trop sévère, mon fils, pardonnez-le-moi, comme je vous ai pardonné du fond de mon cœur ce que vous m'avez fait souffrir.

Robert s'inclina. Le père reprit:

— Je n'ai plus que peu d'instants à vivre; écoutez-moi donc... approchez-vous encore... plus près... ma voix s'affaiblit.

Robert s'approcha.

— Mon fils, donnez-moi votre parole de gentilhomme que vous ne continuerez pas le procès que vous faites à votre femme?

Le vicomte se tut. Le mourant poursuivit:

— J'ai appris... trop tard, hélas! à la connaître... Elle est digne de porter notre nom par la noblesse de ses sentiments... Elle vous donnera le bonheur... Vous me promettez de renoncer à ce procès, n'est-ce pas?

Le fils ne répondit rien.

Le vieux Vendéen reprit alors d'une voix qu'on entendait de moins en moins.

Dieu a béni votre union, mon fils, Dieu vous maudirait si vous osiez détruire son œuvre. Au nom de votre salut éternel, devant ce vénérable prêtre qui représente la miséricorde divine sur cette terre, devant ce christ posé sur mon lit, engagez-moi votre parole de ne plus chercher à briser un lien devenu sacré?

Robert continua de se taire. Alors son père reprit d'une voix déchirante :

— Pour la troisième fois, je vous demande ceci comme une grâce! ne me laissez pas mourir avec cet immense deuil dans l'âme! Robert, prenez pitié de moi! C'est votre père, c'est un mourant qui vous implore, mon fils!

Le vicomte resta muet et immobile.

Soudain, le noble vendéen se redressa, il put se tenir assis, et d'une voix relativement forte :

— Francesca ? cria-t-il.

Celle-ci accourut. Le comte ajouta :

— Ma fille, prenez sous mon oreiller, un papier que j'y ai placé.

Francesca passa sa main sous la tête du mourant; elle trouva une lettre cachetée et scellée aux armes des d'Olonne.

Sur l'enveloppe de cette lettre il y avait écrit.

« Pour ma belle-fille, Francesca Néri-Doni, vicomtesse d'Olonne.

Le comte était retombé épuisé sur son oreiller.

Il montra à Francesca la lettre qu'elle tenait, et murmura d'une voix qui s'éteignait de plus en plus :

— Quand je ne serai plus, vous remettrez...

Le mourant s'efforça en vain de continuer; sa langue se paralysait, son cerveau se prenait, l'agonie commençait.

Francesca s'agenouilla devant le lit, baisa la main du moribond et la baigna de ses larmes.

Le prêtre s'approcha alors de Robert, lui montra son père agonisant, et, au nom de cette belle et sainte mort, au nom de la religion, il l'exhorta à obéir au dernier vœu, à la suprême volonté de celui qui lui avait donné la vie.

Sais-tu quelle réponse ce monstre a faite au digne pasteur? de quelle injure il a payé cette noble et touchante prière?

Il a toisé le prêtre de la tête aux pieds avec dédain, puis, lui tournant le dos, il lui a envoyé cette insulte idiote :

— Calotin !

Le ministre de la religion a rougi légèrement, mais sans rien répondre à cet outrage immérité; puis il s'est hâté de donner l'extrême-onction à l'agonisant.

Le vicomte, qui tambourinait cyniquement sur les vitres pendant cette cérémonie, se tourna vers le prêtre dès que tout fut fini, et il lui dit avec ce ton impertinent qu'il sait si bien prendre :

— Vous êtes superbes, vous autres prêtres, vous administrez le baptême aux enfants avant qu'ils aient leur raison, et l'extrême-onction aux vieillards quand ils ne l'ont plus.

— Monsieur le vicomte, lui répondit doucement l'abbé, en lui montrant le lit, votre père n'est plus; je vais prier pour son fils. Il s'agenouilla.

Le prêtre avait dit vrai; le vieux comte était mort.

CARNET

Paris.

Ce jourd'hui 23 mars, enterré mon père depuis midi jusqu'à quatre heures. Une promenade au Père-Lachaise. Quelle corvée !

Lorsque je suis satisfait, du parfum des pièces de gibier. (Page 113.)

J'ai bien fait les choses ; papa a dû être content. Dans la cour de l'hôtel, j'avais fait disposer une admirable chapelle ardente ; le cercueil, entouré de milliers de cierges, semblait reposer sur un lit de fleurs des tropiques éclairées par des torchères.

Des deux côtés, quelques sœurs de Charité étaient agenouillées et bredouillaient des patenôtres ; tandis qu'au pied, mon bonhomme d'abbé, celui que j'ai appelé calotin, psalmodiait des orémus à voix basse et veillait sur le goupillon. Mon père a fourré tant d'argent aux congrégations !

J'avais fait tendre tous les murs de la cour d'honneur avec des draperies noires, bordées d'argent, et semées de larmes... les miennes... à cinquante centimes la larme, c'est pour rien ; l'effet de cette ornementation était très beau. Nos armes et notre devise, répétées partout, faisaient fort bien.

A midi précis, le cercueil a été transporté de la chapelle ardente à l'église où il a été placé sur un magnifique catafalque dressé en face du maître-autel ; papa avait vraiment grand air ainsi.

Ne sachant que faire pendant la cérémonie, je me suis distrait en examinant l'église. Elle était entièrement tendue de draperies noires, semées d'étoiles et frangées d'argent.

Sur des cartouches disposés de distance en distance, la couronne de comte et nos armes.

Au-dessus du catafalque, jonché de fleurs, orné de quatre statues représentant les vertus de papa : La *Foi*, l'*Espérance*, la *Charité* et la *Religion*, se dressait un baldaquin descendant de la voûte de l'église jusque sur les pilastres de la nef.

Ce décor-là eût été applaudi à l'Opéra.

Total : dix huit-mille francs de désespoir filial.

A cinq heures, j'étais débarrassé.

Sur ma cheminée, au retour, je trouve deux cartes de visite.

La première, celle du marquis de Fleurines ; un duel à bref délai.

Toi, mon bon vieux, si je puis t'envoyer rejoindre mon père !...

La seconde carte est celle du sieur Monard, marbrier. Un tombeau pour papa.

Et, qui sait, peut-être aussi un tombeau pour moi.

Ce marquis de Fleurines tire très bien.

Pourquoi ces deux cartes ensemble ?

Rapprochement sinistre ! Le marbrier et le duel !

L'épée qui tue, le tombeau qui cache l'œuvre de l'épée.

J'ai eu tort d'appeler ce prêtre calotin ! Cela peut porter malheur.

Demain, au petit jour, avant le lever du monde j'irai me confesser.

En attendant, il me reste quelques heures pou commettre des péchés, profitons-en ; je les laverai demain matin en compagnie de leurs aînés.

J'ai promis à la petite Coralie de la mener souper ; nous prendrons un cabinet bien discret ; il faut respecter les convenances.

Toujours par respect pour les convenances, je la conduirai à la *Renaissance* ; mais en baignoire grillée.

Je vais faire confectionner un deuil luxueux pour mes gens ; rien qui fasse meilleur effet au Bois.

En allant louer ma baignoire à la *Renaissance*, je passerai à l'église commander des messes pour le repos de l'âme du défunt.

Dans quelques jours ouverture du testament par devant notaire. Des millions !

Puis après cela, encore des millions et des millions !

Heureusement, j'ai des dents fièrement longues.

Décidément il fait bon vivre ! Vivre !

Et ce marquis de Fleurines ! Quel trouble-fête !

Je voulais bien mourir hier que je possédais seulement des dettes, mais aujourd'hui que je suis millionnaire, je tiens à ne pas quitter la terre.

Ah! j'ai eu grand tort d'appeler ce prêtre calotin!

Francesca à Flavio Mariani.

Paris.

Je viens de repasser par ce douloureux chemin de la croix qui commence au lit d'un mort pour aboutir à une fosse.

Après ma mère, ce vieillard si digne de mes respects, de ma tendresse.

Avec le comte d'Olonne, mes dernières espérances se sont évanouies.

Hier, à midi, Robert m'a fait prévenir que le notaire de la famille nous attendait dans le grand salon; je me suis empressée de descendre, bien que je n'aie rien à prétendre dans cette succession.

Un peu après mon entrée, le notaire nous a prévenus qu'il était, depuis trois ans, dépositaire d'un testament de M. le comte d'Olonne; il nous en a donné connaissance.

Par cet acte de dernière volonté, le comte attribuait un certain nombre de legs importants à des amis, et aussi à de vieux serviteurs dont il assurait le sort.

— Connaissez-vous quelque autre testament? demanda le notaire.

— Non, répondit mon mari.

Je pris alors la parole et je dis au notaire:

— Voici un papier scellé aux armes de M. le comte; il me l'a remis quelques instants avant sa mort; j'ignore ce qu'il contient; j'ignore même si c'est un testament. J'ai cru ne pas devoir l'ouvrir; peut-être jugerez-vous utile de le décacheter en ce moment?

Le notaire prit le papier de mes mains et l'examina très attentivement. Il nous fit alors remarquer que tous les cachets étaient intacts, puis il les brisa.

Voici ce que contenait l'écrit du comte renfermé dans une double enveloppe:

« Codicille à ajouter à mon testament déposé chez mon notaire.

« Dans le cas où mon fils persisterait à vouloir demander aux tribunaux la nullité du mariage qu'il a contracté avec mademoiselle Francesca Néri-Doni, je donne et lègue:

« A ladite demoiselle Francesca Néri-Doni, ma belle-fille, mon domaine d'Olonne, en Vendée, château, terres, bois, et prairies; je lui donne et lègue en outre mon hôtel de Paris.

« Je donne et lègue à son fils, qui est mon petit-fils, étant né du mariage de sa mère avec mon fils, mariage parfaitement valide à mes yeux, mariage auquel je donne toute mon approbation, je lègue à mon petit-fils, issu de cette union, la portion de ma succession dont la loi me permet de disposer et qu'elle désigne sous le nom de *quotité disponible*.

« Je laisse à mon fils Robert seulement ce que la loi ne me permet pas de lui retirer.

« Si, au contraire, mon fils renonce à son funeste projet de faire casser son mariage, ce dont je le supplie, le présent codicille, sera considéré comme nul et non avenu.

« Paris, le .....

« Signé: RAOUL, comte d'OLONNE. »

— Vous avez entendu, monsieur le comte, reprit alors le notaire en s'adressant à mon mari, vous voyez à quel point M. votre père souhaitait que votre union avec madame fût maintenue, ne respecterez-vous pas son désir, sa volonté dernière si clairement exprimée!

— J'aurais pu, j'aurais peut-être dû obéir plus tôt, répondit Robert avec hauteur ; mais il ne sera pas dit que j'aurai cédé devant la menace d'être déshérité. Si je faiblissais maintenant, le monde m'accuserait de cupidité.

— N'est-cela qui vous arrête ? m'écriai-je.

— Cela surtout, repartit vivement mon mari. Un pareil testament me retire ma liberté d'action.

— Vous êtes libre ! répliquai-je aussitôt.

Je pris des mains du notaire stupéfait ce testament qui m'assurait une si large part dans la fortune de mon beau-père, et je le jetai au feu.

— Ah ! madame ! qu'avez-vous fait ? s'écria le notaire.

— Mon devoir, monsieur ; maintenant, monsieur le comte n'a plus rien qui le retienne pour remplir le sien.

Et je me retirai. J'en suis là.

CARNET

Paris.

Admirable femme que ma femme ! Elle me force au respect !

Que n'est-elle la femme de mon voisin, je donnerais ma vie pour en faire la mienne.

Par malheur, elle est la mienne, et j'en ferais volontiers cadeau à mon voisin.

Il paraît que je me bats demain matin avec le marquis de Fleurines.

Nos témoins ont choisi le pistolet.

Le vieux bretteur n'a plus la main assez ferme pour tenir une épée.

La vie me dégoûte. Si je n'avais quelques millions à dévorer, je souhaiterais être tué demain.

Je n'aime pas le pistolet ; il est traître. On ne peut pas défendre sa pauvre peau.

Pourquoi me suis-je avisé d'appeler ce prêtre calotin ? J'ai obtenu difficilement l'absolution.

Francesca à Flavio Mariani.

Paris.

La société parisienne a des raffinements exquis.

Je n'ai eu la possibilité de faire aucune visite, ni d'être présentée dans aucun salon ; personne ne me connaît, personne ne m'a vue, puisqu'à peine arrivée ici, un procès terrible menace de m'enlever mon titre, mon nom, ma situation ; eh bien, depuis la mort de mon beau-père, il m'est arrivé quelques centaines de cartes comme marque de sympathie, et ces cartes armoriées portent les plus grands noms, les plus nobles noms de la France.

Ces cartes sont bien pour moi.

Toutes offrent cette suscription sur l'adresse :

« *Madame la comtesse Francesca d'Olonne.* »

Plusieurs contiennent deux ou trois mots de regrets et de respect.

Quelques lettres même de dames du plus haut monde sont venues m'offrir de douces consolations.

Hommes et femmes semblent s'être entendus pour me témoigner la plus touchante sympathie.

Je ne saurais t'exprimer à quel point je suis émue de cette délicatesse si essentiellement parisienne.

Et, détail tout à fait caractéristique, pas une carte, pas une seule n'a été déposée chez mon mari.

Il s'est encore battu en duel ce matin, avec le marquis de Fleurines.

Ce dernier a été légèrement touché ; mais Robert a reçu la balle du marquis en pleine poitrine.

Par bonheur pour lui, bien qu'il affiche les opinions les plus antireligieuses, il porte quelques médailles bénites ; la balle s'est amortie sur une de ces médailles, et la blessure est sans danger.

Ordinairement, à la suite d'une semblable affaire, il paraît que les cartes pleuvent chez le blessé ; ici, pas une.

J'ai fait demander à mon mari la permission de le soigner ; il m'a fait remercier, mais il a refusé.

Comment, ne se rappelle-t-il plus les soins dont ma mère et moi, nous l'avons entouré à Milan ?

N'étant plus utile ici, je fais mes préparatifs de départ.

Je compte quitter, sans doute pour toujours, l'hôtel d'Olonne ce soir ou demain.

———

Francesca à Flavia Mariani.

Paris.

Avant de sortir de l'hôtel d'Olonne pour n'y plus rentrer certainement, j'ai fait demander une dernière entrevue à mon mari.

— Madame, m'a-t-il dit dès mon entrée dans son salon, je n'ai pas oublié le désintéressement que vous avez montré lors de la mort de mon père ; j'ai vu mon homme d'affaires ; à partir de ce jour, vous recevrez une pension annuelle de cinquante mille francs, réversible sur la tête de votre enfant.

— Avant de vous répondre, monsieur, lui dis-je, je dois vous demander si votre intention est de poursuivre le procès qui doit me retirer ma qualité de comtesse d'Olonne ?

— Plus que jamais !

— Ainsi vous n'avez pas honte d'enlever à votre fils le nom, le rang, la position que sa naissance devait lui assurer ?

— Oh ! me répondit Robert avec un méchant sourire, vous savez, ma chère, les enfants sont comme l'univers, on peut écrire sur leur origine et leur berceau : — père inconnu ?

A ce nouvel outrage, je me levai.

— Monsieur, lui dis-je, gardez votre pension. J'aurais pu accepter de votre père ; de vous, je ne veux rien. Je m'inclinai et je sortis.

Une heure plus tard j'étais installée dans une maison meublée, rue du Bac, 27, où tu pourras m'envoyer ta prochaine lettre.

Je vais m'embarquer pour l'Angleterre ; je m'établirai à Londres.

J'ai quelques petits capitaux provenant de la succession de ma mère, j'achèterai un fonds de commerce, et, grâce à mon travail, je saurai élever mon fils.

J'ai repris le nom de mon père.

Tu adresseras donc maintenant tes lettres à *madame Francesca Néri-Doni.*

Quant à mon procès, comme il n'est pas possible que je le gagne, puisque tout le monde est d'accord pour m'affirmer que la loi est formelle sur ce point, alors je renonce à le soutenir.

Je ferai défaut, selon le terme consacré.

A quoi bon entreprendre une lutte, quand la défaite est certaine? Pourquoi gaspiller inutilement et stérilement un argent dont je vais avoir un si grand besoin pour faire prospérer ma modeste maison de commerce?

Francesca à Flavio Mariani.

Londres.

Adieu ma noblesse! Adieu mon comté!

Adieu vieux parchemins et blasons héraldiques! Adieu! adieu!

Je suis née dans une boutique, je mourrai dans une boutique.

La noble comtesse d'un jour a fait place à une petite marchande lingère qui n'a qu'un désir, celui d'oublier les rudes leçons du passé, et de laisser à son fils un nom sans tache et une modique aisance acquise à force de travail, de privations et d'honnêteté.

Me voici, depuis trois jours, installée, à Londres; tu m'enverras tes lettres à l'adresse ci-incluse.

J'ai acheté le fonds de mistriss Lucy Trolopp, et je trône dans mon comptoir de chêne au milieu de mes rayons garnis de fines toiles et de dentelles.

La dernière lettre que j'ai reçue de Paris, m'informait que sur la demande de mon mari, notre mariage avait été annulé par le tribunal.

Tu le sais, je m'y attendais.

Quelques amis inconnus, les plus sincères souvent, me conjurent d'aller en appel; ils s'engagent à payer tous les frais. Il paraît que ma situation a fort ému la société parisienne.

J'ai refusé, j'ai remercié. Aucun éclat malsain ne viendra de mon fait.

Je respecterai, plus que Robert, le nom que j'ai porté si peu de temps; je me rappellerai que la crainte d'un scandale public a tué le digne comte d'Olonne, et j'épargnerai tout bruit à cette mémoire vénérée.

Hélas! pauvre amie, à toi, je puis bien le confesser, cette grande douleur qui me ronge le cœur, ce n'est pas la perte d'un nom illustre, d'un titre, encore moins d'une fortune colossale: c'est la conduite de Robert.

Je ne puis plus l'estimer; mais je l'aime toujours; je l'aime comme autrefois.

Ah! l'amour vrai est un sentiment que rien ne déracine du cœur.

Mystère étrange! Voilà un homme qui m'a lâchement abandonnée; qui a renié mon enfant, le sien, qui m'a entourée de ruines, de deuils, de désespoir; je le sais un infâme sans foi, sans parole, sans honneur; je devrais le haïr, et, après mon fils, c'est lui que j'aime le plus au monde.

Je prie chaque jour Dieu de me faire la grâce de m'ôter du cœur cet amour insensé.

Exaucera-t-il ma prière?

Césarine Flamant à sa sœur.

Comprends-tu qu'au sortir de l'enterrement de son père, Robert se soit présenté chez moi et qu'il y ait passé vingt minutes?

Cette homme! je me trompe, ce monstre, me fait horreur; il me répugne autant qu'un reptile.

Il portait sur ses habits un deuil sévère; mais une satisfaction peu dissimulée se lisait sur sa figure.

Lorsqu'il est sorti de chez moi, j'ai eu la curiosité d'ouvrir ma fenêtre et de regarder son coupé.

Les stores étaient baissés.

Quand la portière s'est ouverte, j'ai aperçu une main de femme finement gantée.

J'en aurais fait le pari.

Ce misérable débauché vient d'enterrer son père et, une heure après, il promène cyniquement, à travers les rues de Paris, sa dernière bonne fortune.

Des femmes! Encore des femmes! Toujours des femmes à ce Minotaure!

CARNET

Quelle vedette!... La police à mes trousses!... Au nom de la morale publique!

Quelle nuit!... Il y a trois jours j'avais reçu la lettre suivante de la Mancélière.

« Madame la baronne de la Mancélière prie M. le comte d'Olonne de lui faire l'honneur de dîner chez elle le jeudi 30 décembre.

« *R. S. V. P.* »

Puis, en post-scriptum, ces quelques mots:

« Je puis compter sur toi, n'est-ce pas mon petit Robert?

« J'ai fait venir, à ton intention, deux colombes de Russie au plumage plus blanc que la blanche hermine, et aux cheveux noirs comme la robe d'une corneille... Elles n'ont jamais vu le feu de la broche.

« Saint-Elme m'a promis, puis le petit Duc, puis le gros négociant de Marseille, puis le banquier de mes rêves, puis le vieux Gromer, Nédonchel aussi, puis, puis tout le Paris qui a de quarante à soixante ans, et de cent mille francs de rente à un million de revenu.

« Il sera servi une belle petite perdrix devant chaque convive.

« Tu vois, mon pauvre chat, tous les sacrifices que je m'impose pour plaire à votre association ; tâche donc que l'on lésine moins sur la carte à payer.

« Les perdrix sont hors de prix cette année, même quand elles ne sont que des bécasses.

« Il n'y aura de majeurs que les hommes.

« Ta CLARY, toujours infidèle, mais non moins dévouée. »

Toutes mineures!

Où diable CLARY déniche-t-elle tous ces oisillons?

Quant à la carte de Rabelais, je la trouve raisonnable.

Deux cents louis par tête, les chasseurs payent pour le gibier, c'est assez coquet.

Ajoutons à ce chiffre fastueux la poudre d'or à semer par nous devant chaque perdrix avant de savourer une aile, et cela constitue une nuit californienne.

Cette bonne Clary, c'est moi qui l'ai lancée. Elle me fait honneur.

Sans ma première mise de fonds et sans mes sages conseils, elle végéterait encore dans les sous-sols du monde galant.

Je l'ai devinée, je l'ai transformée. C'est mon œuvre! j'en suis fier.

Que je sois pendu s'il y a dans tout Paris une coquine plus rouée.

Comme un magicien, j'ai métamorphosé la laine de ses robes en soie et velours, ses parures de stras en diamants, ses dentelles à vingt centimes en point d'Alençon, de Chantilly et de Malines.

Grâce à ma baguette magique, la fille du portier Galochard est devenu subitement baronne de la Mancélière, et sa mansarde enguenillée a été remplacée par un charmant hôtel, une oasis mystérieuse, perdue, comme un nid d'amour, entre les nouveaux quartiers du Paris opulent et les promenades du Bois.

Au noyer, à l'acajou, à la faïence, j'ai fait succéder dans ses salons le thuya, le boule et le vieux sèvres.

A toutes ces prodigalités j'ai ajouté la folie de quarante mille francs par an pour l'entretien de la chasse, et j'y ajoute une somptueuse gratification lorsque je suis satisfait du parfum des pièces de gibier qui nous sont servies dans nos petits soupers.

Je dis — nous, — parce que je ne suis pas seul.

Je suis seulement le représentant, le directeur, le président d'une brillante compagnie de vieux qui, à l'exemple des amateurs de théâtre et des lecteurs de romans, crient sans cesse à la Mancélière : Du nouveau ! Du nouveau !

Or, du nouveau, il y en avait la nuit dernière.

Affriolé par le programme, j'arrivais à huit heures devant le mignon hôtel; Clary me sautait au cou et me présentait deux admirables créatures, étalant la plus opulente beauté sous les yeux de leurs rivales éblouies.

— Choisis, me glissa la Mancélière à l'oreille.

Je ripostai vivement :

— Pas de choix, baronne, je fais banco !

— C'est hors de prix, murmura la rusée commère.

Je tirai Clary à part et je lui répondis :

— Ma chère enfant, lord Byron, qui s'y connaissait, a écrit ceci dans son beau poème de *Don Juan:*

« Le vice est toujours plus prodigue qu'un souverain; les vertus, la plus exaltée d'entre elles, la charité elle-même, sont parcimonieuses ; le vice ne songe pas à épargner quand on lui offre une rareté. »

L'illustre poète anglais ajoute même :

« Qu'une jeune et jolie Circassienne, garantie vierge, fut cédée quinze cents dollars. Les plus fraîches nuances animaient sa beauté de toutes les couleurs célestes. »

Je prends au même prix avec garantie sur facture.

Dès que j'eus crié: — Banco ! — Je devins le but de tous les compliments et des railleries les plus envieuses qui se prolongèrent au delà du souper.

Quant à moi, j'aurais voulu avoir le magique pouvoir d'avancer les aiguilles de la pendule et de les placer sur l'heure de minuit.

Enfin, les douze coups fatidiques résonnèrent ; c'était le final du souper ; on se leva, et je me retirai dans ma chambre aussi discrètement que le fait un jeune couple la première nuit de ses noces.

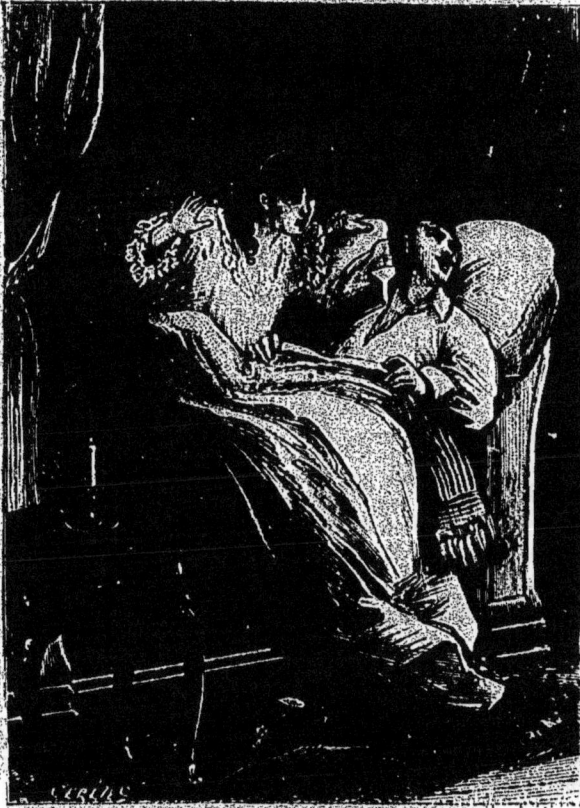

— Grand Dieu ! ce n'est pas Henri !

— Dors bien, me glissa Clary au passage.

Combien de minutes, combien d'heures s'écoulèrent entre cette recommandation et la terrible scène qui va suivre, je ne saurais le dire, car ce n'est pas à compter les secondes que j'étais occupé.

Mais à l'instant où, selon l'expression du même Byron, finissait la deuxième veille, lorsque la lampe épuisée ne jetait plus qu'une lueur bleuâtre, au moment d'un rêve aussi voluptueux que les songes les plus sensuels promis par le Prophète aux vrais croyants, soudain un cri de terreur ébranle la maison jusque dans ses fondations, et vient m'arracher aux bras des Houris.

Serait-ce le feu ?

J'écoute. Une minute se passe, minute pleine d'anxiété.

Tout à coup, au fond de mon alcôve, un tintement effroyable se fait entendre. Ce tintement, je le connais.

C'est la terrible sonnette d'alarme qui crie dans toutes les alcôves comme dans la mienne.

— La police est en bas ! Sauve qui peut !

Je saute hors du lit.

Je cherche mes vêtements ; ils sont au milieu d'un fouillis de corsets, de guimpes, de jupes, et j'ai grand'peine à les démêler.

Enfin, je puis me sauver, emportant, précieux fardeau, non mon père Anchise, comme le pieux Énée, mais ma défroque.

Je mérite une deuxième fluxion de poitrine, une nouvelle pleurésie ; car le froid est atroce, et la sueur coule de mon front.

Je me précipite vers l'escalier. La retraite est coupée de ce côté.

Je remonte aussitôt dans ma chambre dont je barricade la porte.

Les femmes sont blotties dans le lit ; elles tremblent, elles pleurent ; par bonheur, la peur les empêche de crier. Cette fois je ne fais guère attention à elles.

Je cherche une issue, tout en m'habillant. La fenêtre ou la cheminée : pas d'autre sortie.

Grimper dans un étroit tuyau plein de suie, à la façon des ramoneurs, en sortir noir comme un charbonnier, jamais !

Va donc pour la croisée. Je regarde.

Trois mètres de hauteur ! Hum !... J'hésite.

En ce moment, je me rappelle ce passage de la lettre de Clary :

« Il n'y aura de majeurs que les hommes. »

J'ai donc deux mineures à trois pas de moi.

Plus d'hésitation ! Je ferme les yeux et je saute. Je saute gymnastiquement. Et je tombe... sur le dos de Nédonchel.

Le pauvre malheureux qui cherchait sans doute comme moi le moyen de fuir, roule sous le poids de mon corps, et pousse des hurlements de damné.

Je reconnais l'infortuné baron à son organe nasillard. On accourt à ses gémissements.

Nédonchel ignore qui lui est si brutalement descendu sur l'épine dorsale ; je me garde bien de me nommer et je m'esquive au plus vite.

Les reins du baron ont amorti ma chute, et je suis alerte, plus que jamais.

Je profite de ce que les cris de Nédonchel ont éloigné beaucoup d'agents qui ont couru vers lui, et je m'enfonce dans le jardin.

J'entends le bruit d'une lutte ; c'est sans doute l'ancien chancelier de Milan que l'on arrête et que l'on entraîne sans pitié pour ses reins meurtris.

J'examine tout autour de moi.

Il me serait facile de grimper aux treillages et de franchir les espaliers ; mais ma vieille expérience flaire des limiers derrière les murailles, et je préfère chercher une cachette.

Grâce à ma connaissance du champ de bataille, je me glisse de massif en massif jusqu'à un petit escalier de service fort étroit ; il est libre.

Je le gravis rapidement, et me voici bientôt dans les greniers.

Là j'achève ma toilette.

Je n'ai qu'une bretelle ; en revanche, j'ai trois jarretières et un bas à jour d'une finesse !...

Un trente décembre !... douze ou quinze degrés au-dessous de zéro !

Ça me rappelle la baignoire de la baronne.

L'obscurité est complète, cependant je parviens à me hisser jusqu'à la charpente qui soutient la toiture.

Je me couche le long d'une immense poutre de fer moins chaude assurément que les corps entre lesquels j'étais étendu tout à l'heure ; mais suffisamment large pour me mettre à l'abri des regards indiscrets.

Hélas ! Il y a dix minutes, j'étais en pleine zone torride ; maintenant me voici en Sibérie.

Tout n'est pas rose dans le métier de chat de gouttière.

O Vénus ! Es-tu devenue sourde et aveugle que tu laisses dans d'aussi vilains draps le plus ardent de tes adorateurs.

J'entends monter les agents de la police.

Trois hommes, ornés d'une lanterne et de gourdins, visitent ma chambre à coucher improvisée.

O Eros fais que je n'éternue pas ! Le cœur me bat.

Les trois hommes noirs, noirs comme ceux du *Prophète,* sondent les moindres coins du grenier à l'aide de leurs bâtons.

Ils lèvent le nez de mon côté. Un d'eux grimpe lestement pour visiter la poutre où je suis blotti.

Décidément, je vais être pris. J'entends un léger craquement.

Ma prière à maman Vénus et à M. son fils n'a pas été inutile, mon ennemi vient d'accrocher sa culotte à un clou ; il l'a déchirée, et loin de continuer son ascension, il redescend en jurant.

Du travail pour ta femme, lui souffle un de ses camarades.

— Elle n'avait pas besoin de ça pour être de mauvaise humeur, répond l'homme à la culotte blessée ; elle va me secouer. Allons, il n'y a personne ici, fermons la porte, prenons la clef, et filons.

Tout cela est rapidement exécuté.

Me voici seul de nouveau. Je réfléchis. Faut-il rester ? Faut-il chercher à sortir ?

Je pense que dès le lendemain matin une souricière va être établie à la porte, que les agents vont surveiller avec soin les abords de l'hôtel, que la faim me forcera de me livrer, et qu'il faut à tout prix tenter de m'échapper, au risque d'être capturé.

En route ! Il ne me reste plus qu'un moyen de salut : les toits.

Tout à l'heure, j'ai fait fi du métier de fumiste, maintenant il s'agit de courir sur les ardoises avec l'agilité d'un pompier, d'un chat ou d'un couvreur.

Il ne faut pas que mon pied glisse, sinon !

Je parviens à établir une trouée en détachant quelques voliges et des ardoises avec la plus grande précaution ; car, au moindre plâtras dégringolant, on serait vite à ma poursuite.

A force de patience je finis par pouvoir passer ma tête, puis mon corps.

Ma première pensée est une action de grâce à la divinité ; je la remercie de m'avoir refusé du ventre et de la graisse.

Un embonpoint majestueux ne m'eût pas permis de tant m'aplatir.

Je suis presque aussi plat qu'un candidat devant ses électeurs, la veille d'une élection.

Une fois sur le toit, je cherche des yeux une retraite.

J'ai beau fouiller dans la nuit sombre, je ne vois rien de rassurant

Ne pouvant passer ma vie à cheval sur le haut d'un toit, je cherche à oublier l'abîme entr'ouvert sous moi, et je m'efforce de gagner la maison voisine, toujours à califourchon et sans balancier.

Je dois fièrement user le fond de ma culotte.

Un faux mouvement, et je suis précipité sur le pavé de la rue ; aurai-je encore cette fois la chance de rencontrer les reins souples et complaisants de Nédonchel? C'est douteux.

Je n'ose regarder le gouffre. Je sens que j'ai peur.

Il me semble apercevoir une plate-forme à quelques mètres ; si je pouvais arriver jusqu'à ce refuge? Essayons.

Je rampe ; je me coule comme un serpent afin de ne pas être aperçu d'en bas.

Me voici à un mètre d'une terrasse.

Dans ma joie, dans mon trouble, je veux me hâter ; une ardoise cède.

Je fais un faux mouvement pour me retenir, et je glisse sur la pente du toit sans parvenir à m'arrêter.

Je me sens perdu.

J'essaye de me cramponner en désespéré; mais impossible de rien saisir sur cette montagne russe.

Je comprends tout en dégringolant, que dans une seconde, je vais être lancé dans l'espace, que mon corps va tourbillonner dans le vide, que mes os seront broyés sur les grès, que ma cervelle ira éclabousser les murailles, et alors je ferme les yeux avec horreur, avec épouvante, désolé de m'être ainsi aventuré comme un fou au lieu de me laisser arrêter dans mon lit.

Je me maudis de mourir ainsi à vingt-sept ans pour un rendez-vous galant dans une maison de passe.

Enfin mes doigts crispés, ensanglantés, arrivent au bord de la toiture sans avoir pu s'accrocher à rien, mes pieds flottent dans le vide, et mon corps est lancé dans l'espace.

Une seconde après j'éprouve une secousse.

La secousse n'est pas trop violente.

J'ouvre les yeux avec autant de joie que de surprise.

Oh ! bonheur ! Oh ! miracle ! Je suis tombé sur la terrasse de la maison voisine placée en contre-bas.

Une chute de trois mètres. Merci, Vénus ! Merci, Éros !

Il n'y a qu'un Dieu pour les ivrognes ; il y en a au moins deux pour les amoureux.

Ma chute et, plus encore, ma terreur m'ont un peu étourdi ; cependant je n'ai pas le temps de rester là à réfléchir.

Comment sortir de cette terrasse? Je cherche.

Une porte est entre-bâillée, je l'ouvre doucement.

Un escalier se présente, je le prends, et après avoir descendu quelques marches, je me trouve sur un palier en face de quatre portes fermées.

Laquelle est le salut? Laquelle serait ma perte? Je me fie à ma bonne étoile.

J'ouvre à tout hasard une des portes, j'entre, et je marche à tâtons dans la plus profonde obscurité.

Je heurte une chaise. Je m'arrête plein d'anxiété.

— C'est toi, Henri ?

Demande une petite voix douce et harmonieuse ; une voix de femme.

A tout hasard je murmure le plus bas possible :

— Oui.

— Je t'avais bien dit que tu partais trop tard et que tu manquerais le chemin de fer, reprend l'inconnue qui doit être dans un lit.

Je soupire de nouveau :

— Oui.

La voix féminine recommence et dit :

— Ne te désole pas, tu partiras demain. Tu dois être gelé ; viens te recoucher.

Je ne me fais pas prier. Allons nous réchauffer.

La voix est très fraîche ; la femme doit être jeune.

Espérons-le. Si c'était une septuagénaire, ô mon Dieu !

Je me déshabille à la hâte. Pourvu qu'Henri ne revienne pas !

Je saute dans le lit. On me fait place.

— Tu es glacé, mon ami, murmure-t-on en se pressant contre moi.

Pour ne pas me compromettre par une réponse, je couvre de baisers la bouche qui m'est tendue, et je m'efforce de prouver que je ne suis pas aussi gelé que je le parais.

Aux caresses qui me sont prodiguées, il m'est facile de voir qu'Henri est très aimé.

Jouons donc le rôle du jeune Henri. Tout a une fin.

J'étais éreinté, et je finis par céder à un sommeil aussi irrésistible que bien mérité.

Je dormais encore profondément lorsqu'un cri retentit.

Je crus à une seconde invasion de la police.

Je me dressai sur mon séant. Le jour était venu.

Ce n'était pas la police, c'était ma camarade de lit qui, en s'éveillant avec les premiers rayons du soleil, venait de jeter dans les airs ce cri du cœur :

— Grand Dieu ! ce n'est pas Henri !

Elle était charmante, ma compagne.

Je lui devais des excuses ; je devais aussi reconnaître les droits de l'hospitalité ; je devais enfin chercher à mériter et à obtenir mon pardon ; j'y avisai sur-le-champ, et je m'acquittai de ces devoirs en si galant homme que j'obtins sans peine que ce roman, si singulièrement commencé, aurait un second chapitre.

J'avais brodé une petite histoire de mari trompé, de rendez-vous surpris, à ma nouvelle amie et, pleine de pitié pour moi, elle me fit sortir de chez elle, et elle ne me quitta qu'après s'être assurée de mon salut.

O Henri ! quand on prend le chemin de fer et qu'on laisse au logis une jeune et jolie femme de vingt ans entre deux draps, il n'est pas prudent de ne point fermer à clef la porte de sa chambre à coucher.

Je rentre dans la mienne et je me mets au lit.

Je parie que je vais dormir quarante-huit heures de suite sans m'éveiller.

Avant de m'étendre sous l'édredon, je donne une pensée à Nédonchel, à Clary, à toute la bande.

Où tout cela est-il allé coucher? Probablement au Dépôt!

C'est là que les édredons sont rares! Enfonçons-nous sous le mien

Et maintenant, Bonne nuit, mes enfants!

CARNET

Paris.

J'ai des renseignements. Il ont tous été pincés. J'en ris encore.

Le petit hôtel de la baronne est sous le séquestre.

Les journaux font un tapage!

CARNET

Paris.

L'instruction marche. Madame de la Mancelière est héroïque! Quel aplomb!

Dans le cabinet du juge d'instruction, elle pose pour la statue de l'Innocence.

La police devra s'estimer fort heureuse si Clary ne lui réclame pas des dommages-intérêts pour avoir violé, non pas elle, la pauvre brebis, elle ne s'en plaindrait pas, au contraire; mais son domicile de citoyenne d'un État libre.

Pour lui donner du cœur et de la discrétion, je lui ai fait passer trois mille francs.

Ça lui dorera les verrous de Saint-Lazare.

CARNET

Paris.

On juge demain la baronne en compagnie de sa femme de chambre.

Pauvres chattes! Quelles bonnes têtes elles vont faire!

J'irai les voir jugeotter, ça m'amusera.

CARNET

Paris.

Deux ans de prison! Aimable Clary, tu ne les as pas volés!

Montesquieu t'avait devinée quand il écrivait ce passage éternellement vrai:

« Des femmes adroites font de la virginité une fleur qui périt et renaît tous les jours, et se cueille la centième fois plus douloureusement que la première. »

Nous en as-tu fait cueillir de ces fleurs artificielles, habile jardinière?

Et quelquefois, plus que douloureusement.

Césarine à sa sœur.

Paris.

Robert sort de chez moi. Il y est arrivé de l'air le plus dégagé, et il m'a dit:

— Vous savez que je vous adore?

— Je ne veux même pas m'en apercevoir, lui ai-je répondu.

Il a poursuivi:

— Mon père m'a laissé une demi-douzaine de millions.

— Que cela !... on le disait à son aise.

— La somme me paraît cependant assez gentillette, chère amie, répliqua Robert. Comme j'ai près de deux millions de dettes, mon notaire m'affirme qu'après la liquidation, il me restera deux cent mille francs de rente.

— Quatre millions à 5 pour 100.

— Très forte sur l'arithmétique !... On voit que vous vous êtes beaucoup frottée à la finance. Il en reste toujours quelque chose.

— Je ne dis pas non. Et que comptez-vous faire de vos quatre millions ?

— Je vous offre de les croquer en votre compagnie.

— Merci. J'ai mieux.

— Ah !

— Il pleut des nababs à Paris. L'un d'eux a mis le double sous mes blanches dents.

— Cependant, s'est écrié le comte, 'ai juré que je rentrerais ici en maître.

— C'est facile, mon cher, lui a.. epondu avec le plus grand sang-froid ; offrez-moi un million à dévorer chaque année, et je vous présente, comme à mon vainqueur, sur un plateau de vermeil, la petite clef d'or qui ouvre la porte de ma chambre à coucher.

— Un million ! Peste, ma belle amie, vous traitez les Français plus mal que les nababs.

— On ne doit l'hospitalité qu'aux étrangers. Du reste rien ne vous force d'accepter ce marché.

— Ainsi, c'est bien décidément une question d'argent avec vous ?

— Oui... avec vous.

— Paye-t-on d'avance ?

— Deux termes.

— Deux millions !.., oh !

— Deux millions.

— Vous espérez me faire renoncer à mes poursuites à force d'exigences ?

— Je serais enchantée d'y arriver ; cela me débarrasserait de vous.

— La réponse n'est ni polie ni agréable ; mais vous ne réussirez pas à me décourager.

— Tant pis.

— Me donnez-vous votre parole que si je vous apporte deux millions vous ferez honneur à votre parole ?

— Je fais serment que je vous remettrai la petite clef d'or.

— Bien, vous aurez vos deux millions.

— Ce soir ?

— Oh ! non. Il faut que je vende des terres, des fermes, et cœtera.

— Alors, n'en parlons plus ; j'aurais des cheveux blancs. Adieu, comte, voici l'heure de ma répétition.

— Un instant encore. Voyons, si je vous promettais vos deux millions dans huit jours ?

— Dans huit jours ?

— Avant huit jours ?

— Ce serait marché conclu.

— Très bien. Nous sommes aujourd'hui mercredi, je m'engage à vous remettre deux millions au plus tard mardi.

— Parfaitement. Si mardi, je ne vous vois pas arriver, je reprends ma parole !

— C'est convenu. D'ici là, redemandez la petite clef d'or au nabab,

— Quand nous aurons compté vos millions.

— Soit !

— Peut-on savoir comment vous allez vous procurer deux millions en une semaine sans vendre vos domaines ?

Certainement. Rien n'est plus simple. Je vais passer chez mon agent de change, et je vais jouer à la Bourse.

— Au fait, c'est le seul moyen.

— N'est-ce pas ?

— Jouerez-vous à la hausse ou à la baisse ?

— Je n'ai aucune préférence. Conseillez-moi.

— Je m'en garderai bien. Si vous perdiez vous m'accuseriez de complicité avec votre déveine.

— Oh ! non.

— Tirez au sort.

— Vous avez raison. Le hasard décidera.

Il prit une pièce d'or dans son gousset, et la lança en l'air en disant :

— Face pour la hausse, pile pour la baisse.

La pièce amena face.

— Je joue à la hausse, s'écria le comte en riant.

— Bravo ! achèterez-vous pour cent sous de rente ?

— Je vais en acheter pour un million.

— C'est gentil.

— Au revoir, je cours chez mon agent de change.

— Et moi, à ma répétition.

— Faites broder vos draps à mon chiffre, chère amie.

— La brodeuse attend vos millions pour acheter le coton, cher comte.

— A ce soir.

———

CARNET

Paris.

Quelle déveine !

Voilà six mois que j'ai commencé à jouer à la Bourse ; j'ai d'abord gagné quelques centaines de mille francs, et maintenant c'est par millions que je perds. Luttons !

Césarine à sa sœur.

Paris.

Une grande affiche jaune est collée depuis hier sur la porte du magnifique hôtel d'Olonne.

D'autres affiches, non moins jaunes et non moins sinistres, sont, à cette heure, placardées dans toutes les communes où Robert possède des propriétés.

Ces affiches annoncent à la France entière la vente de tous les biens, meubles et immeubles, du comte d'Olonne, à la suite de jugements et de saisies.

Robert est ruiné de la cave au grenier.

Balmaque et la Mancélière ne lui prêteraient pas vingt-cinq centimes.

Pas de nantissement! Pas de références!

Ses riches collections, ses tableaux de maître, sont passés de l'hôtel Drouot dans les galeries des connaisseurs.

Elle me coupa le visage avec cette cravache (Page 127.)

Quant aux chevaux et voitures, ils vont figurer dans les ventes du Tattersall. Si cet imbécile de comte veut encore avoir équipage, il devra se faire cocher. La débâcle a commencé.

———

Césarine à sa sœur.

Paris.

Ma femme de chambre m'a annoncé la visite de Robert de très grand matin.

— Ah! cher monsieur, lui ai-je dit, qui peut donc vous amener à l'heure où tout Paris dort encore? Viendriez-vous déposer à mes pieds ces deux millions que vous me faites attendre depuis si longtemps?

Il a souri jaune et m'a répondu :

— Pas encore.

J'ai repris aussitôt méchamment en découvrant quelques éclaboussures sur ses bottines.

— Ah! grand Dieu, seriez-vous venu à pied?

Il a répondu avec un certain embarras.

— Oui. Il faudra même dorénavant que mes amis soient indulgents si mes chaussures ne sont plus immaculées; car j'ai cessé d'avoir voiture.

— Mon cher comte, ai-je repris toujours avec une bonne petite nuance de méchanceté, pour mon propre compte, cela m'est assez indifférent; mais vous avez eu raison de venir bavarder chez moi de bon matin; j'ai de si mauvaises langues le soir dans mes salons.

Il a rougi, et j'ai vu perler une larme sous ses longs cils noirs; il en a moins versé quand il a perdu son père.

J'ai savouré la douleur concentrée de ce bourreau, et je lui ai dit :

— Serais-je trop curieuse si je vous demandais quelle fortune il vous restera après la vente de vos biens?

— Il me restera pas mal de dettes, et l'espoir bien fondé de ne jamais pouvoir les payer.

— C'est une consolation.

— La seule qui me réjouisse.

— Que comptez-vous faire?

— Rien. Est-ce que je sais faire quelque chose, moi ?

— On ne vit cependant pas de l'air du bon Dieu et de l'eau de la Seine?

— D'autant mieux que le Créateur divin a oublié de rendre tout cela suffisamment nourrissant. Puis il y a la question du gîte et du vêtement. La saison manque de chaleur.

Je remarquai seulement alors qu'il grelottait au coin de mon feu sous une mince redingote d'été légèrement défraichie.

Son chapeau laissait entrevoir des clairières blanchâtres sous ses soies un peu clairsemées, et ses gants avachis ne lui avaient pas coûté trois francs.

Pauvre comte! quelle débine!

Il se douta probablement de l'inspection à laquelle mes yeux et ma curiosité féminine soumettaient sa toilette jadis si savamment étudiée. Il m'en fit l'observation avec amertume.

— J'en conviens, lui ai-je répondu assez impertinemment; aussi, ne pouvant retrouver votre élégance passée, je ne vous vois plus qu'une ressource.

— Le suicide, n'est-ce pas? Oui, oui, continua-t-il avec une sorte de rage étouffée, j'y ai pensé plus d'une fois. Il y a quelques années, je n'aurais pas hésité et j'en aurais déjà fini avec cette vie misérable; mais, maintenant je n'en ai plus le courage. Mon énergie est morte!

— Vous vous êtes tant amusé!

— Oui, cela peut provenir de là.

— Soyez-en sûr.

— Ah! reprit-il en frappant avec colère sur le marbre de la cheminée, si je pouvais avoir un duel, on me tuerait!

— A moins que vous ne tuiez votre adversaire; alors, il faudrait recommencer.

— Je suis déjà bien assez odieux, assez ridicule.

— Au moins vous vous rendez justice... Alors vous n'avez plus qu'un moyen de sortir d'embarras.

— Lequel?

— Mariez-vous.

— J'y ai pensé. J'en ai même touché deux mots à quelques-uns de mes anciens amis.

— Qu'ont-ils dit?

— Ils ont ri.

— Ah!

— J'en ai parlé un jour à mon notaire.

— Eh bien?

— Eh bien, j'ai cru qu'il allait rire aussi.

— Un notaire!

— Ils ont raison. Ne suis-je pas presque bigame?

— C'est vrai.

— Qui voudrait de moi?

— Peut-être moi, ai-je hasardé sans paraître y toucher.

— Allons, bon, voilà que vous vous moquez de moi comme les autres?

— Qu'en savez-vous? En tout cas, je fais mieux que les autres, je vous désigne une victime.

— Ainsi, vous m'épouseriez?

— Oh! vous, non, grand Dieu! ai-je répliqué brutalement; mais le titre de comtesse, la seule épave qui vous reste à vendre, parce que vous n'avez pu l'envoyer au Mont-de-Piété ni à l'Hôtel des commissaires-priseurs.

— C'est vrai.

— De mon côté, en échange de cette couronne de comtesse, j'apporterai mes économies de sous-lieutenant... quelques millions.

Robert retrouva ici son ancienne impertinence et me répondit :

— Des économies poussées comme les champignons... sur couche.

— Vous savez sans doute, répliquai-je sur le même ton, qui fournit les couches à champignons?

— Non.

— Eh bien, cher ami, ce sont les ânes.

— Soit, s'écria-t-il; mais cette fois, l'âne se regimbe et ne fournira plus rien, pas même un titre de noblesse à la haute bicherie parisienne pour en faire litière. Je ne suis pas tombé encore assez bas pour que les belles petites à la mode se croient le droit de m'acheter le nom de mes ancêtres et de le payer avec un argent d'arlequin.

— Pour ce qui est de votre nom, cher monsieur, vous l'avez assez traîné dans la boue pour ne pouvoir le salir davantage.

— Oh! misère! fit-il en tombant accablé sur un fauteuil.

J'eus enfin la satisfaction de voir ce débauché sans honneur, sans âme, pétri d'orgueil et de dépravation, sangloter comme un lâche qu'il est et courber la tête sous une humiliation tant méritée.

Ah! si ce misérable eût été un homme de cœur, un égaré seulement, comme j'aurais été heureuse de le relever à ses propres yeux, de lui tendre la main, de lui ouvrir ma bourse;

mais ce libertin, ce fumier vivant qui a chassé sa femme et son enfant, qui a tué son père à force de chagrin; il ne m'a inspiré que du dégoût!

La crise s'est enfin calmée et Robert s'est levé.

— Vous partez? lui ai-je demandé.

— Oui, m'a-t-il répondu, j'ai besoin de prendre l'air et de changer le cours de mes idées, à ce soir.

— Non, pas à ce soir.

— Pourquoi?

— Parce que je pars dans la journée.

— Pour?

— Pour Saint-Pétersbourg.

— Vous n'en parliez pas hier?

— J'en parle aujourd'hui. Vous savez combien je suis fantaisiste, et comme j'aime à réaliser sur-le-champ mes caprices? Mon engagement vient d'expirer, je suis libre, on me fait un railway d'or pour aller jouer en Russie, et je vais accepter les roubles moscovites. Ne voulant pas me donner le temps de la réflexion, je compte partir aujourd'hui même.

— Avec quelque prince bien fourré?

— Vous avez deviné.

— Que vous aimez?

— Que j'estime; car il ne sait pas seulement porter un frac avec élégance, il porte aussi noblement le grand nom de ses aïeux.

— Si je vous suppliais de rester?

— Je partirais.

— Si je vous disais : ne partez pas, ou je me tue?

— Je vous répondrais : Bon débarras!

— Ah! vous êtes plus que cruelle! Votre départ, c'est ma mort! A cette idée de ne plus jamais vous voir, mon cœur se déchire; je sens que le vide, déjà si large autour de moi depuis ma ruine, va s'ouvrir encore plus profond. Ayez pitié de moi, Césarine, je ne puis vivre sans vous! Restez, ou emmenez-moi!

— A quel titre?

— Comme ami, comme compagnon, comme votre chien.

— Impossible! ma petite havanaise est très jalouse. Adieu.

Je lui tendis la main. Il la prit dans les siennes et la garda longtemps.

Évidemment, il réfléchissait, et un combat cruel se livrait dans son esprit. Enfin il reprit sourdement :

— Et si je te disais : Reste, je t'aime assez pour t'épouser?

— Merci, ai-je répondu; ce caprice, si toutefois je l'ai eu, est déjà passé.

— Je t'en supplie!

— D'abord, je vous défends de me tutoyer, ou je sonne et je vous fais mettre à la porte.

— J'obéis, murmura-t-il avec accablement. Seulement, prenez pitié de mon désespoir. Cette fois, il n'est ni joué ni étudié. Tout ce qui me reste est à vous : les titres de mes aïeux, le nom qu'a porté ma mère, tout, je vous livre tout!

Je fis semblant de résister; car je connais cet homme à fond. Il ne veut que parce que je ne veux pas. Après une lutte assez longue, j'ai fini par lui tendre la main ; il l'a couverte de baisers avec transports.

— Vous acceptez? m'a-t-il-dit.

— Je vais réfléchir. Je ne m'engage à rien.

— Vous ne quitterez pas Paris?

— Je n'en sais rien.

— Donnez-moi votre parole que je vous retrouverai chez vous, ici, ce soir ?

— Soit. Vous avez ma parole. Je puis bien retarder mon départ d'un jour.

Il m'a quittée enchanté. Il pense m'avoir amenée à faire ce qu'il désirait. Oh ! le sot ! C'est moi qui l'ai conduit là où je voulais qu'il vînt. Avant peu je serai comtesse d'Olonne. Lui, il ne sera jamais que le mari de la Césarine.

Césarine à sa sœur.

Paris.

Je me marie le 27 à la mairie.

Le mariage religieux sera célébré le samedi suivant. Je compte sur toi.

Robert, par un reste de honte sociale, m'avait demandé que notre union se fît à huis clos. J'ai exigé la pleine lumière, le retentissement, l'éclat. Une noce princière !

Douze cents lettres d'invitations pour la messe. L'église sera trop petite.

Le soir, dîner de cent couverts au *Grand-Hôtel.* J'ai lancé deux mille invitations pour le bal.

Après le bal... Oh ! après le bal... rien, rien, rien, absolument rien, je t'en donne ma parole.

Viens. Je t'envoie vingt mille francs pour ta toilette.

Ne t'occupe pas de tes bijoux ; tu puiseras dans mes écrins.

Ma couturière se désole ne sachant où placer un diamant de plus.

CARNET

Paris.

Marié? Remarié plutôt?

Oui, moi, moi, le comte d'Olonne, j'ai épousé Césarine Flamant, mon ancienne maîtresse, la maîtresse de tout Paris, la maîtresse du monde entier.

Horrible journée ! Plus horrible nuit !

La rage est dans mon cœur ! Comment n'ai-je pas assassiné cette femme ?

Il ne me reste donc plus assez d'énergie pour commettre un crime ?

Quel sot a écrit que la femme était inférieure à l'homme ? Elle le surpasse en vices et en méchanceté.

Un jour, m'a-t-on raconté, naquit, par aventure, un homme honnête et bon ; la perfection.

Désireux de multiplier ce phénomène, on lui chercha une femelle qui fût son égale en vertus.

On remua ciel et terre.

Tantôt la femme était bonne, mais pas honnête ; tantôt elle était honnête, mais méchante.

Avant d'avoir rencontré la perfection dans une seule femme, l'homme phénomène était mort... mort centenaire.

Pour notre mariage Césarine s'est payé le luxe d'une véritable orgie de lettres d'invitations ; elle en a lancé partout ; elle a dépouillé l'almanach de Gotha et inondé tous les hôtels aristocratiques de ses faire-part.

Heureusement, pas un seul de ces illustres personnages n'a daigné honorer ma honte de sa présence; pas un seul ne s'est même excusé.

Je suis au fond de l'abîme, de cet abîme d'où rien ne peut vous faire sortir. On ne roule pas plus bas.

Du côté de Césarine, au contraire, personne ne manquait à l'appel. Toutes les drôlesses de Paris s'étaient donné rendez-vous à notre messe.

Lorsque au sortir de la voiture nuptiale attelée de ses deux magnifiques chevaux blancs, je me suis avancé bravement vers le maître-autel, j'ai jeté un coup d'œil tout autour de moi.

O comédie humaine! je marchais entre deux rangées de jolies impures.

Alors j'éprouvai un moment une singulière illusion. Il me sembla que Césarine me faisait passer la revue de ces épais bataillons de jolies femmes que j'avais si souvent inspectés la nuit. Cette chère Césarine.

Ce n'était plus une étoile de théâtre, c'était toute une constellation; mieux encore, c'était la voie lactée faite de diamants, de diamants parsemés discrètement de jolis boutons de fleurs d'oranger.

Oui, la fleur d'oranger! Aussi, on riait!

Je n'avais pu ramasser parmi mes anciens amis qu'un seul témoin, Nédonchel, ma copie, mon sosie, mon singe. J'ai été forcé d'emprunter mon second témoin au clan de Césarine.

Oh! ce clan! cette famille! cette tribu plus nombreuse que les bêtes rassemblées dans l'arche, elle était là, au grand complet.

Tout ce monde m'appelait mon cousin, mon neveu, mon oncle, et j'ai essuyé tant de poignées de main qu'un Auvergnat en aurait eu l'épaule démanchée.

J'ai dû changer quatre fois de gants!

Le déjeuner a été d'un gai, oh! mais d'un gai!... On a chanté au dessert.

A peine le déjeuner était-il terminé qu'on s'est attablé pour dîner.

J'ai été stupéfait des capacités stomacales des nouvelles couches sociales. Ce que j'ai vu engloutir durant cette journée et cette soirée est effroyable.

Quant au bal, ça été une folie! Jamais le *Grand-Hôtel* n'avait vu une si drôle de noce!

A minuit, je m'approche de... de ma femme.

— Venez-vous, chère amie?

Elle hausse les épaules sans même daigner me répondre; elle s'accroche au bras d'un brillant officier d'état-major, et tous deux disparaissent dans les tourbillons d'une polka.

A deux heures du matin, seconde tentative couronnée du même succès.

Cette fois, Césarine passe dans les bras d'un journaliste fort connu qui me lance au nez ces mots passablement épigrammatiques :

— Votre tour viendra, monsieur le comte.

Et ils commencent un *Lancier*.

A trois heures, on sert un souper monstre qui est dévoré en un instant.

A trois heures et demie, j'insiste pour partir. Césarine me rit au nez, et court conduire le cotillon avec le premier comique des Variétés.

Enfin, à sept heures du matin, l'orchestre exténué se tait, les invités vont se coucher et j'espère faire comme eux. Nous rentrons.

La camériste de ma femme vient déshabiller la mariée.

On me fait sortir... par décence... pour ne pas faire rougir les boutons de fleur d'oranger.

Une demi-heure se passe; je m'impatiente. Je heurte à la porte.

La femme de chambre me crie de sa voix la plus aigrelette :

— Madame est très fatiguée. Elle est couchée; elle prie monsieur de faire comme elle.

Une nuit de noce !... aller se coucher seul !... Enfin, je me dédommagerai demain.

Un domestique, agrémenté d'un bougeoir et d'un énorme nez, me présente ma bougie, en me disant avec la gravité d'un suisse de cathédrale :

— Je vais conduire monsieur le comte à sa chambre.

Je le suis. Allons dormir un *solo*. A demain, ma femme!

Demain !... Il est venu demain, et je n'ai pas eu davantage à me louer de lui!

Huit jours! huit nuits se passent ainsi, sans plus de succès. Je suis un triple sot!

Césarine me hait, et jamais ma femme ne sera ma femme! Elle me l'a signifié très carrément la nuit dernière.

Elle m'a roulé avec un talent !... Oh! quelle comédienne!

Donc, hier, après huit jours et autant de nuits d'attente, resté seul avec Césarine, je me penche pour l'embrasser.

Elle me repousse d'un geste empreint du plus profond dégoût.

Je veux recommencer; car je suis piqué au vif.

Alors elle m'arrête d'un regard glacial et elle me dit :

— Monsieur, j'ai reculé autant que je l'ai pu l'explication que nous allons avoir ensemble. Comme je comprends qu'un jour ou l'autre il faudra en arriver là, autant ce soir que demain. Voilà pourquoi je vous ai toléré aujourd'hui dans ma chambre au lieu de vous renvoyer dans la vôtre.

Je pressens un orage, j'écoute. Césarine poursuit.

— J'entends, ne l'oubliez jamais, j'entends n'être votre femme que de nom.

A cette parole, je bondis de fureur, et je m'écrie :

— Mais je ne vous ai épousée que parce que je vous aime!

— Et moi, répliqua-t-elle vivement, je vous ai épousé quoique ne vous aimant pas, voilà toute la différence entre nous. Vous adorez la vie de garçon; je vous la conserve. Vous aurez toute liberté pour sortir, rentrer, et même ne pas rentrer. Vous aurez vos chevaux, vos voitures, vos gens, votre appartement, et vingt-cinq mille francs de pension annuelle. Tout ceci doit vous convenir.

— Non, je refuse.

— Comme il vous plaira.

— Je saurai vous prouver que je suis le maître.

— Et moi, que je ne suis plus votre maîtresse.

— Je vous ferai céder, par la force, s'il le faut!

Je lui saisis violemment le bras, et je la poussai brutalement vers le lit.

A peine y était elle, qu'elle prit vivement une cravache placée sous l'oreiller, puis, se retournant aussitôt vers moi, elle me coupa le visage et me le meurtrit avec cette cravache.

Je tentai de résister; mais j'étais aveugle par les coups qui pleuvaient dru comme la grêle; je dus fuir.

Elle me poursuivit, me frappant sans trêve, s'exaspérant par sa propre fureur, et arrivant au paroxysme de la plus horrible rage.

C'était du délire, de la folie.

Tout avait été calculé, prévu, car les portes étaient fermées au dehors pour m'empêcher de sortir.

Césarine ne s'arrêta qu'épuisée, haletante. Sa cravache était à demi brisée.

J'avais la figure en sang; je ne me sentais ni la force ni le courage de résister à cette furie.

Quand elle eut cessé de me frapper, elle me cria d'une voix rauque, et le regard en feu:

— Lâche! reconnais-tu cette cravache?

— Belle question! C'est celle avec laquelle vous venez de me frapper comme jamais cheval ne le fut.

— C'est celle avec laquelle tu m'as indignement outragée à Milan.

— Ah! bah?

— Je l'avais conservée pour me souvenir et pour me venger; car je te hais autant que je te méprise.

En parlant ainsi, elle se dirigea vers une des portes, l'ouvrit, et me dit:

— Et maintenant, sortez!

Et je suis sorti. Ah! j'en bois des humiliations depuis quelque temps!

Je n'ai donc plus de sang dans les veines? Hélas! la débauche l'a tari.

CARNET

Paris.

J'ai voulu refuser l'argent de cette femme, et j'ai dû subir son aumône ou mourir de faim.

Je mange à la table de cette drôlesse, au plus bas bout, à côté de ses amans qui ne se gênent même plus devant moi.

L'argent que je reçois d'elle me vient souvent d'eux; je le sais, et je l'accepte.

Voilà donc où je suis descendu, de bassesses en bassesses.

CARNET

Paris.

Cinq ans se sont écoulés depuis que j'ai épousé Césarine, depuis que j'ai eu l'infamie de me laisser entretenir par elle.

Que d'affronts durant ces cinq ans!

Depuis un mois, le caprice de Césarine est allé chercher dans les coulisses de l'Opéra-Comique un ténorino qui fait tourner toutes les têtes des Parisiennes.

Figure charmante, yeux langoureux, fines moustaches, rare distinction, voix enchanteresse, tout en lui ravit les femmes.

Ce chevalier de la roulade jouait mon rôle dans l'alcôve de ma femme; par orgueil, je cherchais à boucher mes yeux afin de ne pas voir, et mes oreilles pour ne rien entendre; mais il me fallut forcément ouvrir les yeux et les oreilles.

Cet impudent ténor m'avait choisi pour plastron et, me voyant insensible à ses épigrammes, lui, et les parasites du logis, m'avaient pris pour la tête de Turc de leurs railleries, qui étaient souvent des plus salées.

Il y a huit jours, Césarine donnait un brillant dîner.

Elle m'avait, comme toujours, relégué au bout de la table; tandis que mon suppléant trônait dans toute sa splendeur, en face de la maîtresse de la maison.

On ne peut pas être plus cynique. Césarine a l'audace de ses vices,
Il y avait quarante à cinquante invités, l'élite de la presse et des artistes.
Je dévorai ma rage impuissante.
Au dessert, les courtisans de l'hôtel, et il n'en manquait pas, redoublèrent de mauvais

On me remet ce coffret, je l'ai ouvert en proie à la plus vive émotion. (Page 131.)

quolibets très épicés ayant trait à ma position de Sganarelle ou de Georges Dandin, Ma femme riait.

Moi, je rongeais mon frein sans répondre.

Enhardi par mon silence, le ténor me lança cette phrase, tout en trempant un biscuit dans son champagne :

— Mon cher comte, si j'ai le bonheur que madame la comtesse devienne enceinte, je veux vous faire l'amitié de vous choisir pour parrain.

La galerie éclata de rire. Je me levai en souriant.

Je fis signe à un valet de me verser du champagne.

Dès que cela fut fait, je m'avançai, toujours le sourire sur les lèvres et de l'air le plus courtois, vers le joli ténor, et je lui répondis :

— Cher monsieur, avant de recevoir de vous cette preuve d'amitié, il est juste que je vous donne une assurance de la mienne. Puisque vous tenez si fort à faire de moi un parrain, je veux commencer par être le vôtre.

Et avant qu'il eût songé à se mettre en garde, je lui versai mon verre de champagne sur la tête.

Bravo! cria la galerie.

Mon rossignol d'opéra-comique se leva furieux et ruisselant comme une néréide.

— Vous m'insultez! s'écria-t-il. Et il me lança son verre.

J'esquivai le coup, mais en même temps, j'appliquai sur le joli visage de mon aide de camp le plus retentissant des soufflets. Brouhaha épouvantable!

Les dames ont des attaques de nerfs; les homme se tordent de rire, cependant ils nous séparent.

— Je vous enverrai mes témoins demain, me crie le ténor.

— Je l'espère.

Le tumulte finit par s'apaiser. Alors Césarine croit devoir s'interposer.

Elle s'adresse à son amant :

— Pourquoi, lui dit-elle, vous fâcher des insultes d'un fou?

— Oui, répliquai-je vivement et avec une énergie dont je ne me soupçonnais plus capable, oui, bien fou le jour où il vous a épousée; mais pas assez fou cependant pour ne pas donner à cet insolent une leçon de savoir-vivre ce soir, et une leçon de savoir-mourir demain.

Et, sur ces mots, je quitte la salle à manger et je rentre chez moi.

Au petit jour, à mon réveil, je trouve une lettre sur ma table.

Qui l'y a déposée pendant mon sommeil? Ainsi, on a une double clef de ma chambre.

La lettre est de Césarine; elle contient cet ultimatum :

« Vous vous êtes conduit hier comme un sot et comme un goujat.

« Choisissez de faire des excuses à votre adversaire ou de quitter ma maison.

« CÉSARINE, comtesse D'OLONNE. »

Comtesse d'Olonne! Oui, de par mon crime! De par mon opprobre!

Elle a le droit de signer ses lettres de ce nom. Mon choix est fait, je pars.

Comme je m'habille, on m'annonce deux messieurs de la part du ténor.

Il me fait demander des excuses ou une réparation par les armes.

Je réponds que j'accepterai tous les duels les plus invraisemblables plutôt que d'offrir la plus mince excuse.

J'ajoute ensuite ceci :

— Je quitte cet hôtel dans quelques instants, et je ne sais encore où j'irai loger. Veuillez me remettre vos adresses afin que je puisse vous envoyer mes témoins.

L'un de ces messieurs essaye d'arranger l'affaire; il pense que les insultes nées du champagne doivent s'effacer dès que la raison est revenue.

— Je suis de votre avis, monsieur, lui ai-je aussitôt répondu, et vous allez voir que c'est précisément parce que ma raison m'est revenue que je tiens à ce duel. Vous êtes assez de la maison pour savoir ce qui s'y passe, pour savoir aussi que le plus outragé, c'est moi. Mes témoins recevront de moi deux mandats : le premier, ce sera de n'accepter aucune excuse et de ne consentir à aucun arrangement; le second, ce sera de régler avec vous les conditions du duel, de telle façon que l'un des deux combattants soit tué. Sinon, je soufflette votre ami en pleine rue.

Les deux témoins du ténor me saluèrent et se retirèrent fort inquiets.

Je suis content de moi. Je me retrouve.

Ah ! combien il y a d'années que je n'ai été aussi satisfait de moi !

Je quitte l'hôtel de Césarine avec cent francs dans ma poche.

Je loue une chambre dans un garni; j'y fais déposer ma valise, et je me rends chez Nédonchel.

Il veut bien me servir de témoin, et il me présente pour second un jeune sous-lieutenant de la Vendée, un brave comme tous les hommes de son beau pays.

Je leur fais part de ma volonté; Nédonchel me promet d'être féroce.

Je cours prendre un passeport pour la Belgique; on ne sait pas ce qui peut arriver.

Le soir mes témoins m'annoncent que je me bats le lendemain matin au pistolet de tir, canon rayé.

Les combattants seront placés à trente pas avec faculté de faire feu au signal donné, ou de s'avancer de dix pas.

Le rendez-vous est à la Motte-Piquet.

Cette fois je ne tremble pas, je ne prie pas; je ne veux que tuer ou être tué.

Mon passé pèse si lourdement sur mes épaules que j'ai hâte de rentrer dans le néant, ou de me venger.

A quatre heures du matin je m'habille et je vais chez Nédonchel; bientôt, mon jeune sous-lieutenant nous y rejoint. Nous partons.

Nédonchel a prévenu un chirurgien; il veut le prendre en passant; je m'y oppose.

C'est la mort que je vais chercher ou donner. Pas de médecin, le fossoyeur. Nous arrivons.

Cinq minutes après, la voiture de mon adversaire s'arrête.

Le ténor est ému comme à une première représentation; mais il se montre ferme et résolu.

Il attaquera crânement son grand air de bravoure; ça se lit dans ses yeux.

Ces messieurs ont amené un chirurgien.

Les témoins de mon adversaire essayent encore une tentative de conciliation; je refuse de rien entendre.

On nous place en face l'un de l'autre. J'ai tout mon sang-froid.

Ma main est aussi ferme, mon œil aussi calme, mon sang aussi tranquille que si j'étais au tir devant une poupée de plâtre.

Au signal donné, mon adversaire fait quelques pas trop précipités pour que son tir ne s'en ressente pas; puis son coup part. — J'entends siffler sa balle à ma droite.

Je m'avance lentement et froidement, et je vise en pensant que :

— Voilà un bonhomme que je vais tuer.

Mon adversaire place son bras de façon à protéger sa poitrine et son pistolet devant son visage; il s'efface de son mieux. Cependant, sa tenue est tout à fait correcte. Il attend bravement mon feu la tête haute et le regard sombre.

Arrivé à la limite convenue, je tire; un cri retentit.

La fumée du pistolet m'empêche d'abord de rien voir.

Enfin elle se dissipe et j'aperçois l'amant de ma femme étendu sur le sol.

Le médecin lui soutient la tête; ses témoins s'efforcent de le ranimer.

Voilà comme j'étais à Milan.

Nédonchel s'est approché du blessé; il revient consterné, et murmure à voix basse:

— Mort?... venez!

Nous montons en voiture. Nous rentrons rapidement dans Paris.

Nédonchel me conduit aussitôt à la gare du Nord; car je veux mettre la frontière entre la justice et moi.

Je ne me soucie pas de faire connaissance avec Mazas.

Nédonchel, en dépit de ses ridicules, est un garçon de cœur; il me glisse deux cents louis dans la main en me disant simplement:

— Vous me les rendrez plus tard.

Ce trait m'émeut un peu.

J'embrasse Nédonchel avec effusion; je serre la main de mon second témoin que je remercie, et je dis adieu à la France. La reverrai-je jamais?

CARNET

Bruxelles.

Voilà six mois que je suis en Belgique, que je me suis réfugié à Bruxelles, un second Paris; mes ressources sont épuisées.

Je cherche à donner des leçons de français pour vivre; mais ici tout le monde parle notre langue.

On me conseille d'aller à Londres; on m'assure que je pourrai trouver facilement une place de précepteur dans une famille riche.

Essayons.

J'ai à recevoir le prix de quelques cachets; je l'emploierai à payer mon passage.

CARNET

Londres.

Quelle horrible détresse! Mon Dieu! Vous que j'ai tant outragé, prenez-moi en pitié!

Mon Dieu! Secourez-moi, et je vous promets que jamais aucun blasphème ne sortira plus de ma bouche!

Mon Dieu! faites que je mange aujourd'hui!

Depuis cinq ans je suis à Londres, et depuis cinq ans, je vis plus de la commisération publique que de mon travail.

J'ai voulu donner des leçons, suivre une éducation; mais on m'a montré que je n'étais pas suffisamment instruit, même pour enseigner ma langue. Je n'en connais pas les principes; les ai-je jamais appris?

C'est un instrument dont je joue par habitude, par routine, insciemment, mais dont je suis incapab' 'e démonter et de démontrer les ressorts. Pas de méthode!

Quelques familles veulent bien me confier des bébés pour leur apprendre à lire; me voici maître d'école!

Des personnes charitables ont tenté de me placer chez des négociants pour la tenue des livres et la comptabilité; mais mon écriture est mauvaise et je suis d'une faiblesse déplorable en calcul.

Je ne puis rester nulle part.

J'ai voulu essayer d'un état manuel, car enfin il faut manger; mais les excès ont ruiné ma santé, les forces sont parties et les infirmités sont venues.

Si j'étais en France, si j'étais riche encore, je me rendrais en Auvergne, je prendrais les eaux de la Bourboule, près du Mont-Dore; je pourrais reconstituer mes forces épuisées par l'abus des plaisirs; mais je suis dans la misère.

Allons, Robert, crève comme un chien, crève sur ton fumier; tu l'as mérité!

Je suis à peine vêtu; je ne mange pas le quart de ce qu'il me faudrait pour satisfaire ma faim; je suis devenu un squelette; si j'avais une glace dans mon taudis, je suis sûr que ma figure m'épouvanterait.

Certainement il me reste une ressource, écrire à Césarine...

Quand, il y a deux ans, l'idée m'en est venue pour la première fois, je l'ai rejetée avec horreur; je me suis écrié alors, jamais!...

Aujourd'hui, j'en suis arrivé aux capitulations de conscience. Je suis prêt à exécuter cette action ignoble.

Ah! j'en ai commis tant d'autres et de plus honteuses encore!... Et sans avoir la faim pour excuse!

Oh! la faim! la faim!...

CARNET

Londres.

Je me suis décidé. Je viens d'écrire à Césarine en lui donnant mon adresse. Voici ma lettre:

« Madame,

« Dans ma détresse affreuse, je n'ai jamais tendu la main vers vous; j'espérais mourir avant d'en arriver à ce degré d'humiliation.

« La mort ne veut pas de moi. Mais la misère et la maladie me rongent.

« Mais la faim triomphe de mon orgueil et me terrasse.

« Je m'humilie. J'implore vos secours. Êtes-vous satisfaite?

« Je vous demande de m'envoyer seulement de quoi payer mon lit et mon pain dans une maison de refuge, et je vous pardonnerai tout le mal qui me vient de vous.

> Votre mari,
>
> « ROBERT, comte D'OLONNE. »

Ma lettre vient de partir. Ah! qu'il me tarde de recevoir une réponse!

Pourvu que Césarine ne soit pas en voyage!

Elle a d'immenses défauts, plus de vices encore que de défauts; mais elle est charitable, et je ne lui ai jamais vu refuser une aumône.

Or, c'est bien, hélas! une aumône que j'en suis réduit à solliciter.

Elle me placera sans doute auprès de Paris dans un de ces asiles paisibles où la vie s'écoule sans trouble comme aussi sans joies.

Ne pas mourir de faim, voilà aujourd'hui tout ce que je rêve.

Ainsi, je pourrais revoir Paris !... Paris où j'ai brillé si longtemps !

A cette pensée, mon cœur se remplit de tristesse.

Si quelque ami des jours heureux allait me reconnaître !

Qui presserait à cette heure la main du mendiant Robert couvert de haillons ?

CARNET

Londres.

Une lettre de France ! Une lettre de Césarine !

Je l'ouvre en tremblant.

Cette réponse tant désirée, la voici donc enfin ! Je lis :

« Monsieur,

« Je vous envoie un coffret dans lequel vous trouverez tout ce qui convient à un homme tel que vous.

« CÉSARINE. »

On me remet ce coffret. Je l'ai ouvert en proie à la plus vive émotion.

Il contenait : Un marteau, un clou, une corde et un billet.

Sur ce billet, ces seuls mots :

« Avec le marteau, fixer solidement le clou au mur.

« Le crochet est bien trempé, la corde ne cassera pas. On peut s'y fier pour se pendre. »

Et voilà tout ! Une invitation au suicide !

Un deuil pour Césarine... le noir lui va si bien !

Du reste elle a raison ; le suicide serait le seul acte raisonnable que je pourrais encore accomplir. Cela vaudrait mieux que de mourir lentement de faim.

Allons, sachons bien mourir, puisque je n'ai pas su bien vivre !

Mourir ! moi ? Par mes mains ? Jamais.

Jamais je n'aurai ce courage !... Il ne me reste plus assez d'énergie.

Et puis, s'il y avait un juge là-haut !... Qui sait ? Non, je ne mourrai pas !

Jamais la vie ne m'a été si précieuse.

Jadis je l'ai défendue avec une épée contre un adversaire dans un duel ; aujourd'hui, je la défendrai avec encore plus d'acharnement dans mon duel contre la misère. Luttons !

Ah ! si je tenais là, devant moi, Césarine, comme je l'étranglerais avec cette corde qu'elle m'a envoyée ! comme je lui broierais le crâne avec son marteau !

Césarine est loin, j'ai mieux à faire.

J'emporte son clou, son marteau et sa corde, et je vais vendre le tout ; pas cher. Cela me fera vivre deux ou trois jours.

CARNET

Londres.

Descendons tous les degrés de la misère, comme j'ai descendu tous les échelons de la débauche.

Quand il ne restera plus un penny dans ma poche, eh bien, j'irai frapper à la porte d'un Work House, j'y ferai inscrire sur le registre d'entrée mon nom et mon titre et après ces mots :

« ROBERT, comte D'OLONNE. »

J'ajouterai ceux-ci :

« Mari de la célèbre comédienne française Césarine Flamant. Les journaux me vengeront.

CARNET

Londres.

Je viens de faire une singulière rencontre.

Je regardais tristement à la devanture d'un des principaux pâtissiers de la ville. L'étalage était superbe !

D'appétissant nougats, de plantureux babas, des savarins onctueux, des souwaroff, des moka, des éclairs, des richelieu, même de vulgaires mac... ne, et de populaires brioches, mettaient en belle humeur mon estomac famélique et réjouissaient mes yeux à défaut de mon palais.

Ma vue se repaissait.

Et, tout en regardant, tout en savourant à distance, je ne pouvais m'empêcher de jeter un triste coup d'œil en arrière, de me rappeler l'époque où je descendais de mon coupé avec une belle petite pour lui offrir à *Frascati* un gâteau quelconque assaisonné d'un verre de xérès ou de porto.

Alors je payais les petits fours sans compter, et, aujourd'hui, je n'ai pas même cinq centimes pour acheter le plus mince croquet.

Ah ! me disais-je, si toutes les mignonnes que j'ai régalées de timbales au macaroni et aux huîtres se cotisaient, elles pourraient m'acheter le fonds de ce pâtissier !

Il est vrai que je le dévorerais.

Comme je pensais ainsi, une dame, jeune, jolie et fort élégante, sortait de la boutique. Elle essuyait délicatement avec un fin mouchoir de batiste son gentil museau encore légèrement imprégné de la crème d'une meringue.

Je m'écartai pour lui livrer passage.

Elle venait de satisfaire le plus mignon des péchés, celui de la gourmandise ; elle était bonne, car elle voulut que le pauvre diable en haillons qu'elle trouvait sous ses pas, pût manger, sinon un gâteau, du moins un morceau de pain, et elle sortit vivement de son porte-monnaie une piécette blanche qu'elle me tendit.

C'était la première fois que pareille... chose, j'allais dire insulte, j'allais dire humiliation, m'arrivait ; instinctivement, je me reculai comme au contact d'une pile électrique, et ma main n'alla pas au-devant de l'argent présenté.

La dame parut fort surprise, elle jeta un long regard étonné sur moi ; ce regard ne me quittait plus.

Tout à coup elle s'écria :

— Robert !

A mon tour, je relevai la tête et je regardai, je regardai longtemps aussi ; mais ce joli visage, cette taille fine et souple, tout cela ne me rappelait rien. Je ne pouvais, comme la dame, mettre un nom sur cette physionomie.

La jeune femme reprit d'un ton interrogateur.

— Je ne crois pourtant pas me tromper... Robert?... Monsieur le comte Robert d'Olonne, n'est-ce pas?

— C'est en effet mon nom, répondis-je; mais où nous sommes-nous donc connus?

— Je ne puis rien vous dire ici, repartit rapidement mon inconnue; on peut me voir causer trop longtemps avec vous, et je ne veux rien avoir à raconter sur vous. Tenez, venez demain matin à cette adresse, vous me trouverez, et nous parlerons du passé.

Elle me tendit une carte et disparut promptement.

Je jetai un coup d'œil sur la carte; elle portait ce nom et cette adresse.

— Madame la baronne de Stack, Leicester square, 4.

J'eus beau me creuser la tête, impossible de me souvenir d'aucune baronne ni d'aucun baron de Stack.

Je rentrai dans mon taudis, passablement intrigué; mais me promettant bien d'aller le lendemain matin chercher la solution de cette intrigue.

CARNET

Londres.

Le lendemain matin je fis toilette. Toilette! hélas!

C'est-à-dire que je mis ceux de mes vêtements dont on voyait moins les cicatrices et les morceaux. Mais c'était tout de même de véritables guenilles! quel chapeau! Oh! mon chapeau!...

A dix heures, j'étais chez madame la baronne.

Une petite soubrette de seize ans accorte et frétillante me demande mon nom, parcourt des yeux avec vivacité mon costume trop négligé, semble connaître à l'avance ma visite, et court m'annoncer.

Ah! si j'avais encore mes millions, mes vingt-cinq ans... et le reste!... comme cette sémillante camériste me plairait!

Mais aujourd'hui, lui plairais-je? C'est plus que douteux.

Je suis introduit dans une salle à manger assez spacieuse où deux personnages sont installés devant une table de chêne et déjeunent tranquillement.

Il y a là mon inconnue, de la veille, et un... monsieur.

Mon inconnue, sans se lever, me présente au... monsieur, en lui disant :

— Mon ami, voici M. le comte Robert d'Olonne dont je t'ai parlé.

Le monsieur grogne un oui, oui, très bien, tout en dévorant un ample morceau de galantine dont mes yeux ne peuvent se détacher.

La camériste m'a avancé un siège sur un signe de sa maîtresse qui, voyant probablement de quel côté se dirige ma vue, est assez aimable pour me dire.

— Mon cher comte, déjeunez donc sans façon avec nous?

Je ne me fais pas prier; j'accepte, j'accepte avec enthousiasme, avec reconnaissance, et je me hâte d'approcher ma chaise de la table sur laquelle la jolie soubrette place un couvert pour moi.

Oh! ma foi, ce n'est pas la séduisante camériste que je regarde, ce n'est pas davantage sa maîtresse qui n'est pas moins désirable, c'est la galantine, une galantine aux truffes aux pistaches.

Hum ! que le porc ainsi accommodé est donc affriolant !

Que les charcutiers qui savent préparer des mets aussi succulents sont donc gens de génie !

Vive le porc, les pistaches et les truffes ! Le... monsieur est un brave homme...à défaut, d'autre qualité... c'est lui qui découpe, c'est lui qui me sert, et il ne ménage pas les morceaux.

Le Baron a une belle prestance. (Page 139.)

Ce qu'il place de galantine sur mon assiette pourrait satisfaire l'appétit de trois tambours-majors; cependant je ne proteste pas.

Dussé-je en crever, ça entrera !

Le boa constrictor ne fait que deux ou trois repas par an; aussi quand il rencontre un bœuf, le bœuf y passe.

Faisons comme le boa, avalons le bœuf; car il se passera peut-être bien des jours et des mois avant que pareil festin ne se présente sous mes dents.

Je ne parle pas, je n'écoute pas, je mange. Oh ! mais je mange!

Toute conversation semble suspendue ; je crois qu'on m'admire.

Je fais comme les phénomènes des foires publiques, je me laisse admirer. Je n'ai qu'une préoccupation, ne pas perdre une bouchée.

Mon inconnue a cessé de rien croquer ; elle a cessé également de me parler, voyant que je n'avais d'oreilles que pour son déjeuner, et de langue que pour goûter aux mets.

De son côté le monsieur, non moins inconnu, paraît me servir avec plaisir.

Après la galantine, il m'a envoyé, je crois, la moitié d'un poulet au cresson, et l'appétissante volaille va rejoindre promptement les débris du pachyderme.

De temps à autre, je crois surprendre un tout petit rire aussi bien dissimulé que possible ; je ne crois pas me tromper en l'attribuant à la mutine soubrette qui ne cesse de me verser de longues rasades d'un vin que je trouve délicieux, mais qu'autrefois j'aurais déclaré n'être que de la piquette,

Ça vaut toujours mieux que de l'eau ; et il y a si longtemps que je bois de l'eau plus ou moins pure !

— Mon cher comte, prendrez-vous quelques pommes de terre sautées au beurre ? me demande ma charitable inconnue.

Je n'ose répondre que j'accepterais tout un champ de pommes de terre, fussent-elles en robe de chambre ; je me contente de tendre mon assiette en ébauchant un sourire et un remerciement, et la camériste fait rouler à mon profit une avalanche des filles de Parmentier,

Je les trouve délicieuses, et mon estomac reconnaissant vote à l'illustre Parmentier une statue en fécule.

Après les légumes, l'entremets sucré, une charlotte aux pommes dans les flancs de laquelle la cuisinière a introduit une merveilleuse marmelade d'abricots mélangés de prunes de mirabelle.

Je n'y résiste pas. Cette fois, je n'attends pas qu'on m'offre d'en prendre une seconde fois ; c'est moi qui en demande.

J'en sollicite de nouveau, puis encore, puis, j'ai honte de l'avouer, puis j'ose tendre quatre fois mon assiette.

Quand cette assiette a accompli ce quatrième voyage, il ne reste plus dans le plat que les souvenirs de la charlotte. La charlotte a vécu !

Le dessert paraît. Joli dessert ! Décidément on déjeune agréablement dans cette maison-là. Si l'on m'y invite derechef, on peut être sûr que je ne ferai jamais la bégueule.

Ce que j'ingurgite de fromage de Chester, de pruneaux, de gâteau aux amandes, de pommes et de poires, d'alberts et de creams, c'est effroyable ! Louis XVIII eût été jaloux de moi.

Heureusement le café apparaît ; il est accompagné de liqueurs très énergiques ; ça poussera les comestibles, et tout cela se tassera.

Je me lève de table assez ému.

Le... monsieur m'ouvre son étui aux cigares, j'en cueille un, n'osant tout prendre.

Nous allumons, nous lançons silencieusement de longues bouffées vers le plafond, et je profite de ce moment de recueillement pour examiner en sournois mes hôtes et leur habitation.

Madame doit approcher de la trentaine. C'est une jolie brunette à l'œil fendu en amande et plein de voluptés non permises; cette femme-là a dû rouler plus d'amants que de pièces d'or.

Elle est de taille moyenne, souple, élancée, ondoyante, affectant une certaine majesté qui ne lui sied pas mal. Elle a dû habiter longtemps Paris; car sa toilette, fort simple, un négligé du matin, est du meilleur goût.

Si je n'étais là, si elle ne m'avait connu jadis, j'hésiterais à prendre cette femme pour une *cocotte*, mais c'en est certainement une.

C'en est si bien une qu'elle est attelée à un drôle de monsieur, celui qui m'a copieusement distribué de la galantine et du chapon au cresson.

Elle m'a présenté ce monsieur comme son mari, comme étant M. le baron de Stack, mais, si j'ai vu le baron, on ne m'a pas fait lire le contrat de mariage.

Le baron a une belle prestance. C'est un homme d'environ cinquante ans, portant haut une tête un peu lourde, mais assez digne. Le front est très élevé; les cheveux sont presque blancs, mais épais; les joues sont rebondies; tout le visage est frais et rasé de près; la bouche respire une sensualité de gourmand, et l'œil, un peu petit, s'anime dès qu'il s'agit de cuisine. Le menton est grassouillet; je devrais dire les mentons; car j'en ai compté trois étages et au moins un entresol.

La poitrine de M. de Stack est d'une ampleur extraordinaire, comme ses épaules du reste, où un éléphant ferait sa sieste sans se trouver trop à l'étroit.

Au-dessous de cette poitrine, retombe un abdomen très vaste qui fait comprendre pourquoi les yeux de M. de Stack pétillent quand on cause gastronomie; il ne faut rien moins que les halles centrales de Paris pour alimenter de pareilles cavités stomacales et abdominales.

Je ne parlerai des jambes et des cuisses de ce gros personnage qui pour mémoire; tout cela est si grêle, si maigre, si fluet que ces misérables membres inférieurs ne paraissent pas appartenir au même individu.

Quant au logement, ni chair ni poisson. Un mélange de meubles de luxe et de pauvreté. Tout y est disparate. Ici du chêne, de l'acajou et du noyer entremêlés; là, du palissandre à côté d'une armoire de bois blanc; dans cette pièce, une magnifique pendule Louis XV avec une garniture en zinc; dans cette autre, de superbes vases de la Chine coudoient des porcelaines à quinze sous. Un fouillis de statuettes, de curiosités cosmopolites, enfin la boutique d'un brocanteur.

Il y a là évidemment beaucoup de cadeaux offerts par des gens riches à la maîtresse de la maison; c'est le côté somptueux et artistique du mobilier; le reste a été acheté çà et là, avec plus ou moins de goût, et selon qu'au jour de l'acquisition, la propriétaire avait ou n'avait pas d'argent.

La table est desservie, le café apporté, la petite soubrette est sortie, il ne reste plus que monsieur, madame et moi; le moment où une explication va m'être donnée ou demandée doit être arrivé; je l'attends avec impatience.

Je ne me suis pas trompé; c'est madame qui commence, et qui débute ainsi :

— Mon cher comte, avant de vous expliquer ce que nous attendons de vous, je dois au moins me faire reconnaître, et vous rappeler où nous nous sommes connus.

Ne vous souvenez-vous plus qu'à une époque assez rapprochée, vous avez été fort amoureux d'une certaine Emma Soyère plus connue sous le nom de *la Souris*?

— Oh! parfaitement, m'écriai-je.

— Eh bien, je suis sa sœur.

— Annette?

— Je vois avec plaisir que si ma personne est sortie de votre mémoire, répliqua la baronne en riant et en me lançant un certain coup d'œil, mon nom y est resté.

Je me rappelai tout alors.

Il y a dans ce vaste Paris si étrange des établissements plus étranges encore que lui.

Il existe dans les environs de la rue de La Bruyère une table d'hôte fréquentée presque exclusivement par des femmes... qui n'y viennent jamais seules, jamais trois, mais seulement deux ou quatre, ou six; toujours la paire...

Chacune amène, comme elle le dit candidement, *sa petite femme*.

C'est de l'histoire parisienne.

Il y a également, mettons que ce n'est pas rue du Bac, un bal, un bal peu connu, mais extrêmement fréquenté où se retrouve la singulière clientèle de la table d'hôte dont je viens de parler.

Il s'y fait des mariages... le terme le plus exact serait des accouplements; il s'y noue des amours; il s'y dénoue de vieux *collages*; il s'y déclare des passions; il s'y fait des serments de fidélité; il s'y commet de nombreuses infidélités. On s'y menace parfois du couteau ou des ciseaux; plus souvent, c'est la langue qui bataille, il y a tant de venin dans ces langues-là...

Les femmes qui fréquentent ces sortes d'établissement s'appellent poétiquement des *Sapho*; elles sont plus connues prosaïquement sous le nom de *Gousses* et aussi de *Gougnottes*.

Or, le bal était géré par Emma Soyère, la Souris; il y venait beaucoup d'hommes, des accroche-cœur sans le sou, des gilets à un bouton dans la débine, enfin des Alphonses du rayon en quête d'une Alphonsine à gruger.

La table d'hôte était tenue par la sœur d'Emma, par Annette; là, les femmes étaient en majorité, peu d'hommes s'aventuraient, si ce n'est par curiosité ou par caprice pour une des princesses du lieu, parmi ces lionnes qui faisaient payer cher les fantaisies aux explorateurs de ces contrées trop peu étudiées, mais bien curieuses à fouiller. Par malheur si on peut les disséquer, il est très difficile de les peindre tant les tableaux deviennent de moralité douteuse, et tant le dessinateur est forcé d'éteindre les lumières pour ne pas faire trop cru.

J'avais été très épris d'Emma; mais rien de plus difficile à séduire que ce genre de femme que l'homme ennuie et laisse insensible, fût-il plus beau qu'Antinoüs, plus vigoureux qu'un moine, plus spirituel que Voltaire, pour ne pas citer un vivant.

L'idéal de ces sortes de dames, c'est la Vénus de Milo; elles n'ont jamais feuilleté que deux livres: *Mademoiselle de Maupin*, et ce ravissant bijou qui s'appelle *Mademoiselle Giraud, ma femme*. Leur éducation ne va pas au delà.

L'argent seul peut les tenter; mais encore faut-il qu'elles aient besoin d'argent.

Or Emma, pendant longtemps, n'avait pas eu besoin du vil métal; un jour vint pourtant où une parure de vingt-cinq mille francs l'ayant tentée, elle daigna l'accepter de ma main, et la payer comptant.

Or les deux sœurs avaient un si grande amitié l'une pour l'autre que quand l'une croquait une pomme, elle donnait la seconde moitié de ce fruit à l'autre.

Et voilà comment les noms d'Annette et d'Emma doivent être inscrits dans le catalogue de mon carnet; à quelle page? je ne sais.

Tous ces souvenirs m'étant revenus, je me sentis plus à l'aise.

Il était évident qu'on avait besoin de moi dans la maison; sans cela, au lieu de m'offrir un excellent déjeuner, on m'eût laissé crever de faim devant la porte.

Mais quel service pouvait-on attendre d'un misérable tel que moi?

Voilà ce que je me demandais avec autant de curiosité que de crainte; car je ne demandais pas mieux que de manger tous les jours, et surtout de dîner comme je venais de déjeuner.

Je fus bientôt mis au courant par Annette.

— Mon cher comte, me dit-elle, causons raison maintenant.

J'ouvris largement mes deux oreilles pour écouter cette importante communication.

Elle reprit aussitôt:

— Mon mari et moi nous habitons Londres depuis deux ans; nous y vivons assez comfortablement grâce à nos revenus; mais nous avons le désir, très légitime, d'accroître nos ressources pour arriver au luxe quand l'âge ne nous permettra plus de mettre à profit les petits talents que nous avons.

Nous voudrions un hôtel; nous rêvons équipage, livrée, voiture et chevaux; bains de mer et villes d'eaux l'été, Monaco en hiver, et Paris entre les grands froids et le soleil.

Tel est le programme de la future existence que nous souhaitons.

Mais pour y parvenir, que faire?

Nous avons tenté sans succès différentes combinaisons.

Or, hier, en vous retrouvant, tout à coup une idée m'est venue; cette idée, je l'ai fait adopter avec enthousiasme par mon mari, j'espère que vous l'accueillerez de même.

J'écoutai encore plus attentivement ce que disait Annette. Elle poursuivit ainsi:

— Nous avons essayé d'ouvrir une table d'hôte à l'instar de celle que j'avais à Paris; mais nous avons croqué quelques billets de mille inutilement. Il faut pour faire prospérer de pareils établissements ou de nombreuses relations ou un nom retentissant à mettre en tête du prospectus; or, monsieur et madame Stack, c'est bien vulgaire.

— Monsieur n'est-il pas dit baron? hasardai-je.

— Je le suis, répliqua vivement le mari d'Annette; mais je n'aime pas à prendre ce titre en public, depuis que j'ai eu le malheur de perdre dans un incendie tous les parchemins qui établissaient mes droits à la noblesse.

Je m'inclinai en signe d'assentiment; mais désormais je fus fixé sur la baronnie de mes hôtes.

Annette continua son intéressante communication.

— Si vous le voulez, mon cher Robert, nous nous associerons.

Vous apporterez dans la société votre nom, votre titre qui est très authentique, et votre personne.

De notre côté, nous nous chargeons de fournir les fonds de la gestion, et cœtera.

— Et quels seront mes appointements? demandai-je.

— Vous recevrez chaque matin un cachet de vingt francs.

En outre vous serez complètement défrayé de tout, logé, nourri et vous avez pu juger tout à l'heure que nous savons manger, habillé, chauffé, blanchi, et le reste.

— Voilà tout?

— De plus quand la recette dépassera les frais, dont le chiffre sera placé sous vos yeux, vous aurez un dixième dans les bénéfices.

— J'accepte, m'écriai-je; mais je mets pourtant à mon acceptation une réserve dont je vous parlerai à la fin de notre conversation. C'est une toute petite clause qui me fera grand plaisir, qui ne portera aucun préjudice à notre société, et ne vous enlèvera pas un centimo de bénéfices.

— Très bien. Vous nous ferez part de votre désir; il est accepté à l'avance, dit Annette qui reprit ainsi :

— Nous ouvrirons une table d'hôte, dîners à vingt francs par tête, il faut ne recevoir ici que des gens riches, l'aristocratie de la noblesse, celle de la fortune et de la haute bourgeoisie. Les dames payeront seulement trois francs; elles attirent les hommes. Comme notre table d'hôte ne sera pas publique, mais qu'on n'y sera reçu que sur lettre d'invitation et après présentation, nous nous réservons de n'y admettre que de jeunes et jolies femmes.

Le menu sera toujours exquis, je vous le garantis. Je ferai venir les vins des meilleurs crus de la Bourgogne, du Bordelais et de la Champagne; mais les vins seront payés à part.

Après le dîner, on passera au salon.

Par hasard, vous proposerez une partie de whist pour qu'on ne s'ennuie pas; par hasard aussi quelques amis parleront de baccara; par hasard encore il se trouvera dans mon secrétaire quelques jeux de cartes, et on taillera une banque.

M. de Stack est très fort, très fort !

En ce moment, le faux baron se leva, vint à moi, et me dit :

— Monsieur le comte, vous ne me reconnaissez donc pas?

Je l'examinai longtemps et attentivement sans pouvoir me rappeler où j'avais déjà rencontré ce grand et gros bonhomme.

Il reprit :

— Vous ne vous rappelez donc plus Monte Carlo ?

— Attendez, m'écriai-je, attendez! Vous étiez l'un des croupiers les plus habiles de Monaco?

— Ah! soupira avec joie le papa Stack, je suis content que monsieur le comte ne m'ait pas oublié; j'ai si souvent ratissé les louis d'or de monsieur le comte!

— Trop souvent même.

C'était en effet un ancien croupier de Monaco, de Spa et de Bade, retiré des affaires avec une fortune assez rondelette, et qui avait légitimement épousé Annette.

L'homme de la roulette et du trente et quarante s'était allié à l'ancienne présidente de la table d'hôte des *gousses* parisiennes, *gousse* elle-même.

En ce moment, comme je le découvris facilement plus tard, les prétendus revenus de la fausse baronne, provenaient du jeune héritier d'un membre de la Chambre des lords, fort amoureux d'Annette.

Et M. de Stack? dira-t-on.

Je n'ai jamais connu de mari plus philosophe que ce monsieur de Stack.

Lorsque, plus tard, j'eus l'occasion de causer avec lui de cette infidélité de sa femme et de bien d'autres, cette excellente pâte d'homme, me répondit :

— Mon cher monsieur, dans un dîner, avez-vous jamais repoussé une assiette, un verre, une cuiller ou une fourchette parce qu'un de ces objets avait précédemment servi à quelqu'un?

— Non, certes.

— Vous vous êtes seulement demandé si fourchette, cuiller, verre et assiette étaient parfaitement nettoyés, purifiés par l'eau; n'est-ce pas?

— C'est vrai.

— Eh bien, mon cher, concluez...

Et je ne pus jamais le faire sortir de là. Il n'a pas la moindre notion de la jalousie.

Il n'a jamais su distinguer une femme d'un ustensile quelconque.

Il adore Annette; mais il ne lui déplaît pas qu'elle soit adorée par d'autres que lui.

Celle-ci continua de m'initier à ses futurs projets en ces termes :

— Outre nous trois comme associés principaux, nous relierons à notre fortune, parce que nous ne pourrons pas faire autrement, quelques vieux amis de mon mari, joueurs savants qui sauront amener ici des étrangers de distinction, et pour qui le baccara et sa science n'ont pas de secrets. Ces gens-là savent gagner, et il faut que nous gagnions.

Si vous êtes des nôtres, Robert, nous louerons sur-le-champ un hôtel plus commode et plus luxueux que cet appartement; nous prendrons des domestiques auxquels nous ferons endosser une brillante livrée; nous aurons une voiture, et nous lancerons dans un certain monde la circulaire suivante : .

— M. le comte d'Olonne a l'honneur d'inviter monsieur... ou madame... à dîner... tel jour...

Comme vous le voyez, personne ne pourra pénétrer chez nous sans notre permission; ce sera une table d'hôte payante, mais il faudra être invité pour y être admis.

Grâce à votre nom, à ce titre de comte, magique pour nombre de personnes, nos salons se rempliront, et notre caisse aussi.

Annette me tendit la main en ajoutant :

— Ça vous va tout à fait, hein?

— Oui.

— Très bien; alors l'acte est signé; pas n'est besoin d'un notaire pour un pareil contrat que tout le monde doit ignorer.

Maintenant il me reste à vous dire, comme dernière clause que, comme les dames payeront le prix illusoire de trois francs, monsieur le baron se réserve le droit de les imposer de deux francs par soirée; elles se rattraperont et au delà.

A présent, mon bon Robert, vous m'avez parlé aussi d'une petite condition; nous vous écoutons.

Je souris, et je m'expliquai.

— Je ne veux pas imposer ces dames sur ce qu'elles ont de plus précieux, leur porte-monnaie; mais au contraire sur ce qui leur est le plus indifférent...

— Sur quoi donc? questionna le baron.

— Simplement sur leur marchandise.

— Ah! fit Stack.

— Ah! s'écria Annette en riant, comme je reconnais là mon Robert, mon fils des preux, prêt à chanter comme ses ancêtres :

Ah! le joli droit du seigneur!

— Précisément. Seulement faites attention que mes ancêtres exerçaient leur droit sur des rosières, et que leur infortuné descendant ne rencontrera plus que des roses très souvent effeuillées.

— C'est convenu, cher comte; toute dame pour être admise dans nos salons devra être acceptée par vous.

Les conventions ayant été ainsi arrêtées, il fut convenu que je reviendrais le lendemain, et que M. de Stack me conduirait chez ses tailleur, bottier, gantier, enfin chez ses fournisseurs habituels.

Annette en nous séparant m'a remis un acompte dont le besoin se faisait furieusement sentir; elle m'a glissé un rouleau de mille francs.

Je n'en avais jamais senti autant dans ma poche depuis le jour où Nédonchel m'avait si généreusement donné quelque milliers de francs après mon duel avec le ténor.

Est-ce que la déveine cesserait de s'acharner après moi?

Enfin de quelque côté et sous quelque forme que me vienne la fortune faisons lui bon visage.

Me voici donc l'associé d'un croupier et d'une femme galante, moi le descendant des d'Olonne!

Hum! j'ai descendu, degré à degré, pas mal d'échelons sur le perchoir social. O mes aïeux!

CARNET

Des lettres d'invitation et des milliers de prospectus avec mon nom, mes titres, mes armes sont distribués à profusion dans le high-life.

Après le déjeuner, toujours de meilleur en meilleur, et après le dîner, supérieur encore au déjeuner, Annette me fait signer une multitude de papiers que, ma foi, je ne prends pas la peine de lire.

La vie que je mène m'est trop douce pour que je lire rien à clair.

Notre hôtel est loué; je vais le visiter demain.

En attendant, je suis méconnaissable, j'ai vingt ans de moins qu'il y a huit jours.

La longue barbe que je portais depuis si longtemps faute d'un rasoir et de savon, est tombée sous la main du coiffeur du baron; ce figaro m'a seulement laissé deux fines moustaches qui me font reconnaître ma physionomie des temps passés.

J'ai repris le costume élégant, depuis la fine chaussure jusqu'aux gants toujours frais, et je me suis commandé quelques cents de cartes de visite avec couronne de comte.

Ça va bien.

CARNET

Notre hôtel est splendide!

Annette a beaucoup de goût, et aussi beaucoup de prudence et d'expérience; il y a de tous côtés des dégagements, des portes grandes et petites, apparentes ou dérobées par lesquelles on peut filer en cas de désagrément avec la police.

Annette a tout prévu. L'hôtel est très bien distribué.

Au rez-de-chaussée, où l'on parvient après avoir franchi un perron d'une demi-douzaine de marches, nous trouvons un petit salon d'attente, puis un immense salon où cent joueurs peuvent danser autour d'une vaste table de baccara. Tout à côté, quatre petits *buen retiro* où les amoureux pourront flirter, sans être dérangés, puis autant de chambres à coucher d'une discrétion à toute épreuve.

De l'autre côté, une magnifique salle à manger. Il est convenu que je la présiderai. En face de moi, madame la baronne de Stack. Le baron sera sur les ailes. Il règnera dans la

Je me lève et je porte un toast chaleureux à mes hôtes. (Page 148.)

salle de jeu, et moi dans la salle à manger; ce n'est pas trop de deux monarques pour régenter ce petit royaume des passions humaines.

Ce n'est pas la société qui a inventé l'amour, ni le jeu. Les sauvages font l'amour tout comme l'homme civilisé, aussi bestialement et plus brutalement; quant au jeu, le sauvage joue, pas au baccara ni à la Bourse, mais il joue; partout où il se trouve deux hommes, le jeu se place entre eux comme un tiers qui cherche à les distraire, à les passionner, à les irriter.

J'ai ma chambre dans l'hôtel, au premier étage, assez loin de mes deux associés.

Maintenant, il s'agit de meubler ce désert.

Il s'agit de le meubler très richement, très luxueusement, et cependant de faire sortir peu d'argent de la caisse sociale.

Annette est très experte en ces sortes de matières.

Elle sait jouer du crédit comme pas un banquier.

Elle me fait signer des traites, puis encore des traites pour tous nos fournisseurs; je suis prêt à en signer aussi gros qu'un budget d'État.

Qu'est-ce que cela me fait? je n'ai rien. Si ce manège continue, je vais passer bientôt à l'état de machine à signer.

CARNET

Londres.

Je reviens de visiter l'hôtel. C'est splendide!

Annette a déployé le goût le plus fastueux!

Le salon, or, et blanc, a reçu quatre magnifiques portraits d'homme des siècles passés; elle me les présente comme étant mes ancêtres.

Je les accepte.

Ils sont dans des cadres en chêne sculpté qui rehausse encore leur grand air; elle a fait venir cette généalogie à l'huile de l'hôtel Drouot à Paris.

Les meubles sont somptueux. Un admirable tapis étouffe le bruit des pas.

Les petits salons sont ornés avec le même soin. Dans le plus éloigné, on a placé un piano dont les sons n'arriveront pas aux joueurs; mais qui permettra de faire valoir le talent de quelques-unes de nos dames.

A propos de dames, il s'en est présenté une foule, et de toutes les nations; je suis sur les dents, j'ai maigri de six kilogrammes depuis quinze jours. Annette en rit comme une folle. Elle m'a bien dérobé au moins deux cents grammes en souvenir du passé. C'est si bon les réminiscences!

Je suis impitoyable! je suis féroce! je n'admets sur la liste de nos habituées que les jeunes et les jolies. Tout est trié sur le volet!

Un merveilleux bahut en vieux chêne décore la salle à manger; ses larges flancs, quand les portes en sont ouvertes, laissent apercevoir de riches services d'argenterie, de porcelaine et de verrerie.

On peut espérer éblouir; car il n'y a certainement pas à Londres une table d'hôte aussi luxueuse que la nôtre.

Dans trois jours, le dîner d'installation, la pendaison de la crémaillère.

CARNET

Londres.

Le grand jour est arrivé!

Sept heures sonnent à notre superbe horloge, un chef-d'œuvre du règne de Louis XIV; je suis sous les armes.

Habit de ville de bonne coupe, gilet à un bouton, plastron immaculé, gants blancs, pas de bijoux; je me regarde avec satisfaction dans nos immenses glaces.

Il fut un temps où ce costume était celui de toutes mes journées, et je n'y prêtais alors aucune attention.

Mon chapeau de satin me fait songer au chapeau crasseux que je portais il y a un mois.

Annette a choisi une toilette fort riche, mais très simple cependant ; elle est charmante ainsi dans son velours et sa soie.

Quant à son mari, il est inimitable.

Sa face rubiconde s'épanouit entre les deux blanches murailles de son col démesurément haut et qui doit lui scier les oreilles. Une cravate non moins haute, mais qui n'a pas moins de six centimètres d'épaisseur, enserre son cou comme un énorme serpent ; une chaîne d'or des plus massives descend de ce col, s'étale sur la poitrine, soutient un monstrueux paquet de lourdes breloques, et se perd dans une large poche du gilet d'où le baron sort toutes les minutes un admirable chronomètre à remontoir.

L'ancien croupier porte des bagues à chacun de ses doigts ; je parie qu'il se désole de n'avoir que dix doigts. Toutes les articulations ont leur bague.

Sur le devant de sa chemise, trois brillants flamboient.

A la cravate, encore un brillant. Aux manchettes, des brillants.

C'est un homme en diamants et en or... à l'extérieur.

Je ne puis m'empêcher de rire quand il descend ainsi accoutré.

Mais il est si naïvement satisfait de sa personne que je lui pardonne bientôt ce ridicule étalage de marchand de vulnéraire.

Un premier coup de sonnette a retenti ; ce sont sans doute des invités.

Involontairement mon cœur bat.

Je regarde Annette ; elle a pâli ; le baron, au contraire, est couleur pivoine.

Un de nos deux grands laquais annonce.

Le défilé commence par nos dames. Nous leur avions bien recommandé d'être exactes afin de faire un succès... de vue première ; elles tiennent parole, il s'en présente près de soixante, toutes plus ravissantes les unes que les autres, et encore plus décolletées que jolies.

Les étoffes qu'elles portent sont riches et chères ; mais elles en ont employé si peu, si peu, que le costume n'a pas dû les ruiner.

Ève n'était pas plus déshabillée devant le serpent.

Après les femmes arrivent successivement les intimes du baron, ceux sur lesquels il compte pour que les banques soient profitables.

J'échange force poignées de main avec ces... ces grecs pour les appeler de leur vrai nom.

Enfin on me présente un assez grand nombre d'étrangers de toutes les nations ; il y a des Russes, des Anglais, des Yankees, et pas mal de Péruviens.

Nous nous mettons à table.

Force est d'ajouter une vingtaine de couverts et des rallonges tant nous sommes nombreux ; la crémaillère nous fait bien augurer pour l'avenir, aussi je me sens en verve de gaieté, et je cause avec un entrain qui m'étonne. Je cherche à lancer notre affaire.

De son côté, Annette est étincelante d'esprit, de vivacité.

Le dîner s'anime, le dîner est très gai.

On salue bientôt chaque plat avec un certain enthousiasme ; le cuissot de chevreuil et les grouses d'Écosse ont un grand succès, et les vins de France encore plus.

Au dessert, quand le champagne a rempli les verres, je me lève, et je porte un toast chaleureux à mes hôtes qui m'ont fait l'honneur d'accepter mon invitation.

Un de nos compères me répond avec non moins d'ardeur; il prédit une prospérité sans précédents à notre entreprise; les bravos de nos convives acclament son petit speech, et l'enthousiasme gagne les plus froids.

On se promet de revenir; on jure d'amener ses amis.

Chacun me remercie de mon invitation... sans se rappeler qu'il l'a payée vingt francs dans le premier salon.

Le dîner est terminé, Annette donne le signal de la sortie, et nous nous dirigeons, les hommes vers le fumoir, les dames vers le salon.

On sert le café, on sert les liqueurs.

Je m'aperçois que quelques groupes vont flirter dans les petits salons voisins; le champagne n'a jamais passé pour moral, et il y a eu pas mal de bouchons argentés qui ont sauté.

Les hommes sont à peine revenus du fumoir qu'un baccara est organisé sans même que j'aie besoin d'en faire la proposition.

Je crois, en vérité, que, dans les salons où l'on aime le jeu, les tables se dressent toutes seules comme dans les féeries, et que les cartes naissent sur le tapis vert sans qu'aucune main les y place.

Un baccara fut créé en un tour de main.

Le baron prit la première banque; il la passa à son voisin après avoir perdu trois ou quatre cents louis.

— Cela ne me surprend pas, murmura-t-il, je n'ai jamais gagné; une nuit, j'ai tant perdu que j'ai été forcé de vendre une de mes plus belles propriétés de la Poméranie; par bonheur, il m'en reste encore tant!...

Le voisin, plus heureux, eut une banque assez fructueuse.

Le jeu se continua avec des chances diverses.

Un de nos associés, au moment où l'on annonça les dernières parties, eut une série extraordinaire; il passa dix-sept fois de suite. Quelques-uns des joueurs perdirent des sommes assez fortes.

On se leva.

Quelques couples s'étaient formés, et un grand nombre de nos jolies dames montèrent dans les voitures de ces messieurs.

J'aime à croire que ce fut seulement pour les reconduire jusque chez elles.

Honni soit qui mal y pense!

Quand tout le monde fut parti, et qu'il ne resta plus que le baron, sa femme, moi, et les six intimes de la maison, notre associé, le gagnant, sortit de ses poches les sept mille francs qu'il avait gagnés.

On se les partagea; je reçus mon dixième.

Le produit d'un vol au jeu. De mieux en mieux.

Il me semble que je descends toujours un peu plus bas.

Je n'étais que l'associé d'un croupier et d'une courtisane; me voici le copain des escrocs.

Oh! mes aïeux!

CARNET

Décidément l'existence que je mène depuis trois mois est pleine de charme.

Notre hôtel est un vrai paradis. Nous faisons un petit ménage à trois délicieux.

Jamais une contrariété, jamais une discussion.

Le baron est un brave homme qui n'a d'autre passion que la table; sa femme a quelques autres passions, mais elle trouve à les satisfaire deci delà, ce qui la rend toujours de belle humeur, chose rare chez les dames.

Moi, j'ai tout ce que j'aime le plus sous la main, et nos petites habituées me gâtent à qui mieux mieux; car ma protection et ma recommandation ne leur sont pas inutiles :

Voici comment.

Ne vous est-il pas arrivé plus d'une fois dans un dîner que, vous trouvant à côté d'un gourmet renommé, vous l'avez consulté pour savoir si tel plat était meilleur que tel autre? — Oui, n'est-ce pas? — Et alors vous goûtiez de ce mets en toute confiance, et si le gourmet vous affirmait que telle maison confectionnait mieux les bombes ou les plombières que telle autre maison, vous n'hésitiez pas à faire votre commande à la maison chaudement appuyée par le connaisseur culinaire?

Eh bien ! il en était de même pour cet autre mets non moins appétissant, non moins délicat, non moins savoureux qui s'appelle la volupté; alors ma recommandation valait un certificat, non de bonnes mœurs, grands Dieux ! mais de capacité.

Et voilà pourquoi j'étais si fêté, si entouré, si choyé, si adulé le soir dans le salon, et chez moi après le soir.

CARNET

Ma vie est divisée en deux parts bien inégales.

Elle a un côté assez original pour que je le consigne sur mon carnet.

Je me lève paresseusement quand la matinée est déjà avancée ; car nous nous couchons fort tard.

Je m'habille, et à midi je descends déjeuner.

A ce déjeuner, toujours somptueux, il se trouve assez souvent quelques intimes, nos six grecs principalement, et de jolies femmes, celles qui plaisent le plus à Annette.

Le soir, vers cinq heures, je monte m'habiller, et quand je descends, c'est dans toute ma splendeur; l'association me paye mes gants.

Mais entre le déjeuner et le dîner, il y avait de longues heures, et Annette a su les utiliser au profit de la société. Voici comment.

Notre table d'hôte étant très fréquentée, il s'y fait une consommation effroyable.

Alors, Annette nous installe tous les jours, le baron et moi, dans un petit salon écarté, et là, en fumant quelques cigares, nous consacrons nos loisirs à éplucher des légumes pour la table d'hôte.

Il paraît que j'excelle dans l'art d'écosser les pois et les haricots; mais le baron me surpasse quand il s'agit de ratisser les asperges, les carottes et les navets. Les épinards sont, dit-on, son triomphe.

C'est vraiment très amusant. Ça me change.

Je voudrais bien savoir si mes aïeux écossaient des petits pois pendant les croisades.

CARNET

Londres.

Voilà six mois que cela dure, et la vogue augmente chaque jour.

Je me suis créé quelques relations fort agréables parmi nos commensaux ; mon titre de comte et, faut-il le dire, mes mœurs passablement débauchées n'ont pas peu contribué à mon succès parmi des gens qui cherchent dans nos salons de belles filles et un tapis vert.

Dernièrement, lord Kerven m'a demandé s'il ne me serait pas agréable d'assister, dans ses propriétés, à des chasses au faucon.

J'ai hésité, bien que je fusse très curieux de prendre part à un genre de sport aujourd'hui inconnu en France ; mais Annette et son mari ont tant insisté pour me déterminer à accepter, que j'ai fini par consentir.

Je suis donc parti pour les *downs* du Wiltshire où lord Kerven possède d'immenses domaines ; car, pour cette chasse, il faut des plaines découvertes d'une étendue considérable.

CARNET

Wiltshire.

Le lendemain de mon arrivée, toute la journée fut consacrée par le propriétaire à me faire visiter sa fauconnerie, admirablement tenue.

Le faucon s'apprivoise sans difficulté ; mais il faut une grande expérience pour le dresser et pour en faire un oiseau de premier ordre.

En général, les jeunes faucons proviennent de l'Écosse ; on les captive dans leur aire, ou très peu de temps après qu'ils ont pris leur vol.

Alors on les installe sur un plancher garni de paille, soigneusement renouvelée, et bien abrité.

Chaque oiseau porte un grelot de la grosseur d'une forte noisette ; on l'attache à l'une de leurs pattes garnies de *jets*, c'est-à-dire de courtes lanières de cuir bien assujetties. Ces *jets*, le faucon les conserve, même pour voler.

L'animal fait communément deux repas composés de viande de boucherie, ou de gibier et volaille.

Quand l'oiseau est très jeune, on lui coupe sa viande ; mais il est préférable qu'il la déchire lui-même avec ses serres et son bec.

C'est ce moment-là que l'on choisit pour les habituer au *leurre*.

Le *leurre* est un simple morceau de bois fourchu, de poids relativement respectable ; il est recouvert de cuir et garni d'une paire d'ailes de pigeon, il est attaché à une longue lanière.

Sur cet engin, on fixe de la viande, et l'on habitue peu à peu les jeunes faucons à descendre de leur perchoir au moment des repas pour venir chercher leur nourriture sur le leurre, pendant que le fauconnier les siffle et leur parle.

Quand ils sont habitués au leurre, on leur permet de voler librement au dehors pendant quelques semaines ; mais on a soin de les accoutumer à venir aux mêmes heures trouver leur nourriture sur le leurre dès que le fauconnier les appelle et les siffle.

Dès qu'on s'aperçoit que les jeunes faucons cherchent à vouloir chasser pour leur compte personnel, bien que le lourd grelot qu'on leur a mis exprès aux pattes les gêne, alors on les reprend.

Il faut à cette époque les habituer à supporter le chaperon ; cela s'appelle leur *faire la tête*.

Ce chaperon est un petit capuchon de cuir dont on lui enveloppe la tête afin qu'il ne voie pas la lumière.

On leur enseigne également à rester immobiles sur le poing.

Une fois ceci fait, on remplace leur pesant grelot par un très léger, et on leur permet de faire la guerre aux pigeons. On leur apprend en même temps à ne pas *charrier* mais au contraire à attendre, sans bouger, que leur maître vienne prendre le gibier.

Pour chasser la perdrix et le pigeon, on se sert le plus habituellement du *tiercelet*, c'est-à-dire du mâle; mais le vrai faucon, celui qui combat le héron, la corneille et le coq de bruyère, c'est surtout la femelle du pèlerin.

J'ai vu dans cette magnifique fauconnerie des autours destinés à chasser le lapin, le lièvre et le faisan; j'y ai remarqué aussi quelques émerillons affaités pour l'alouette, des éperviers destinés au vol des petits oiseaux, des hobereaux très rares, et enfin des faucons d'Islande et du Groënland, non moins rares. Ce sont ces derniers que les fauconniers appellent *gerfauts*.

Après m'avoir montré toutes ces merveilles cynégétiques, mon hôte me prévint que, le lendemain, nous donnerions la chasse à quelques hérons que les gardes avaient aperçus le long des étangs.

CARNET

Wiltshire.

Je suis assez émotionné par la promesse de ce genre de sport dont j'ai si souvent entendu parler et auquel je n'ai jamais pris part; aussi, malgré ma paresse habituelle, je suis sur pied de grand matin.

Lord Kerven a mis à ma disposition un merveilleux cheval de sang; il y a bien des années que je n'ai monté une aussi belle bête. Jadis, au temps de ma splendeur, mes écuries à Paris et en Vendée étaient renommées; mais qu'il y a loin de ce temps!

Nous partons.

Nos fauconniers nous précèdent, portant sur le poing les nobles oiseaux chaperonnés et avec leur petit grelot d'or sonnant au tarse.

Des chiens d'arrêt, parfaitement dressés, sont tenus en laisse par les gardes.

La journée est superbe; quelques dames curieuses d'assister à pareille chasse, nous accompagnent; notre hôte a expédié un *lunch* pour quand sonnera l'heure de midi, et nous échangeons les plus gais propos.

Bientôt cependant, force nous est de suspendre toute conversation; les gardes ont signalé un héron philosophiquement planté sur une seule patte le long de la berge.

Nous nous dirigeons de ce côté.

Tout autour de l'étang, qui est immense, des plaines à perte de vue; quelques rares bouquets de bois et de genêts sauvages. On pourra suivre facilement toutes les péripéties de la chasse.

Tout à coup, devant les gardes qui battent les roseaux, part un héron, son long col tendu en avant, ses ailes bien déployées.

Il s'élève majestueusement.

Au même moment, un des fauconniers décapuchonne un de nos faucons pèlerins et le lance en amont.

Le faucon s'élève à son tour, cherchant à prendre le vent; puis il décrit quelques cercles.

Le héron a aperçu son redoutable ennemi ; il jette un cri de terreur ; il hésite, et il semble vouloir se diriger vers l'un des bouquets de bois.

Le faucon a compris cette manœuvre, et il la déjoue en prenant les devants, toujours en planant au-dessus de sa future victime.

Alors l'échassier, forcé de ne pas prendre terre, et confiant dans la puissance de son vol, monte, et va demander aux nuages la protection que le sol lui refuse ; mais, malgré son agilité, son ennemi monte également en même temps que lui, et se dresse toujours au-dessus de lui comme une effroyable menace.

Par instants les deux adversaires font entendre un cri perçant, cri de frayeur chez l'un, chant de guerre chez l'autre.

Le faucon évidemment ne sait comment attaquer ; lui aussi hésite à commencer ce duel souvent mortel pour les deux combattants.

Tout à coup le terrible oiseau de proie ferme les ailes et fond, rapide comme la foudre, sur le héron ; celui-ci a vu venir le choc, il s'est retourné et envoie un coup de bec violent dans le flanc de son ennemi.

Le faucon s'enlève de nouveau ; mais la fureur l'anime, les plumes de son col se redressent toutes hérissées, et, aveuglé par l'esprit de vengeance et le sang, il se laisse derechef tomber surs son ennemi, et enfonce ses puissantes serres dans ses flancs.

Désormais c'est une lutte corps à corps, lutte que la mort seule de l'un des batailleurs ou des deux, pourra terminer.

Le combat est dans les airs.

Nous suivons à cheval toutes les phases éminemment curieuses et intéressantes de ce drame cynégétique.

Nos fauconniers lancent à leur oiseau de grands cris d'encouragement.

Celui-ci n'a pas besoin d'être excité ; il attaque bravement, courageusement, sans pitié ; mais il a affaire à un héron *léger*, c'est-à-dire à jeun, et décidé à disputer la victoire et à vendre chèrement sa peau.

Enfin les deux oiseaux, liés l'un à l'autre, enlacés mutuellement dans leurs serres, la chair fouillée profondément par leur bec, tombent ensemble sur le sol avec une rapidité vertigineuse.

Nous piquons des deux, et nous arrivons devant les ennemis.

Il sont morts.

Lord Kerven se fit apporter le héron, et nous fit remarquer deux petites plaques de cuivre à ses pattes. Ce héron sortait de la *héronnière* de lord Caverdan, et il avait déjà été pris deux fois par des faucons ; mais n'ayant pas succombé à ses blessures, on l'avait mis en liberté après avoir fixé à ses longs tarses, une plaque commémorative de la capture. Moins heureux dans ce dernier combat, il venait de trouver la mort après une résistance héroïque et glorieuse.

Les fauconniers donnèrent les aigrettes de la tête et du col aux dames qui leur remirent un large pourboire.

Cet épisode sanglant ayant un peu attristé nos amazones, je jetai au vent ce distique recueilli par ma mémoire dans je ne sais plus quel recueil :

> Redoutez du héron le déplorable sort.
> S'il fut resté tranquille, il ne serait pas mort.

Tout le monde se mit à rire, sauf nos fauconniers, douloureusement impressionnés par la perte de l'un de leurs meilleurs pèlerins.

Nous nous dirigeâmes alors vers le bois où l'on nous avait préparé le lunch, et après une réfection des plus agréables, nous nous mîmes de nouveau en chasse.

Robert au Work-House ! parmi le rebut de l'espèce humaine. (Page 157.)

Par malheur, une pluie fine vint succéder au soleil si radieux du matin; la mort du faucon semblait avoir paralysé l'ardeur de nos fauconniers, et l'on reprit le chemin du château.

Deux jours après, je faisais mes adieux à cette large et cordiale hospitalité anglaise, ne songeant guère aux terribles mésaventures qui m'attendaient à Londres.

CARNET

Londres.

J'arrive à Londres, je saute dans un cab et je me fais conduire à mon hôtel.

En arrivant dans la rue, j'aperçois une foule immense stationnée devant la porte et s'agitant avec des flux et des reflux de mer corroucée.

Évidemment il y a là une catastrophe; je pense tout de suite à un incendie. Cependant pas l'ombre de feu, pas même une étincelle, ni le plus petit nuage de fumée.

Il me tarde de descendre de mon cab.

Il s'arrête, je paye, je prends ma valise, et je m'élance dans l'hôtel.

Toutes les portes en sont ouvertes; la foule circule dans toutes les pièces sans aucun empêchement.

Pas de maîtres, pas de domestiques, et, chose plus extraordinaire, pas un meuble.

Enfin, au milieu de cette cohue, j'aperçois un de nos fournisseurs, celui qui nous a vendu en grande partie le mobilier en vieux chêne de la salle à manger.

Je cours à lui.

De son côté, il m'a vu, il fend la foule à grands coups de coude, comme savent en donner les Anglais, et, avant que j'aie pu lui adresser la plus petite question, il me saisit au collet, me traite de fripon, d'escroc, de voleur, et me lance en plein visage un formidable coup de poing, encore comme les Anglais savent en donner.

Je veux riposter. Alors je suis saisi, bousculé, terrassé, battu, jeté à terre, et relevé à coups de pied.

En un clin d'œil, mon chapeau n'a plus de forme, ma redingote a perdu un pan, et j'ai gagné une bosse au front, pendant que les moins féroces se contentent de m'appeler brigand.

On propose de me pendre; la chose est votée à l'unanimité, et je suis poussé par quelques centaines de bras... et de pieds vers le jardin où j'aimais tant à causer sous les vieux marronniers avec Annette.

Où est-elle, Annette? Où est le baron?

Voilà ce que je me demande; ce que je ne puis demander à cette foule hurlante qui n'écoute rien et qui n'entend que sa rage contre moi, rage dont je cherche en vain l'énigme.

Enfin des policemen arrivent. Il était temps; j'avais déjà la corde au cou.

On me conduit, ainsi que les plus exaspérés de mes persécuteurs, dans un poste de police, et bientôt tout s'explique.

Annette et son mari ont profité de ma longue absence pour vendre les gros meubles, et voguer vers l'Amérique avec les bijoux, l'argenterie et les valeurs considérables qu'ils ont réalisées.

Les gens qui viennent de me frapper et qui voulaient me pendre sont les fournisseurs chez qui tout a été acheté à crédit et à qui on n'a rien payé.

Or, moi seul suis responsable de tout, tout, tout; car Annette a eu grand soin, la prévoyante personne, de tout me faire signer.

Le bail de l'hôtel est en mon nom; je l'ai signé. Toutes les fournitures ont été faites au comte d'Olonne; ma signature le constate.

C'est moi qui, involontairement, ai fait cadeau au baron de Stack de toutes ses bagues, de son chronomètre et de ses brillants de chemises.

Il n'y avait rien de trop beau; je le vois bien, c'est moi qui étais responsable de tout.

La police me fourre en prison.

CARNET

On n'est pas bien en prison.

Je demande à retourner chasser le héron ou à présider la table d'hôte d'Annette.

Mauvaise nourriture que la nourriture de la prison.

Un magistrat m'interroge; je lui raconte tout.

CARNET

Je le répète, on est mal en prison. Pas de femmes!

Le magistrat me choisit un défenseur.

CARNET

Je suis condamné à trois ans de prison. O mes parchemins!

CARNET

Me voici hors de prison. Est-ce un bonheur pour moi?

Comment vais-je vivre? je n'ai que deux *pence*.

CARNET

Je n'ai plus rien pour payer mon garni. Un de mes compagnons de misère me propose d'aller passer la nuit prochaine dans les *Commons Lodgings* ou les *Casuals Wards*; j'accepte, et je le suis.

CARNET

J'ai passé la nuit dernière à la *Reine d'Angleterre*; il m'en a coûté trente centimes pour y dormir de dix heures du soir au lendemain matin.

Mon camarade et moi nous avons fait cuire un peu de charcuterie au feu du fourneau commun.

Malheureusement on n'y reçoit pas de femmes. J'ai cherché en vain.

CARNET

Voilà huit jours que je loge tantôt à *la Reine d'Angleterre* et tantôt au *Prince de Galles*; mais ce soir, plus un *penny*, et je suis forcé de me réfugier dans un *Casual Ward*.

Je solderai l'hospitalité temporaire qu'on m'y donne par une certaine somme de travail.

On m'a remis un pain blanc et une tasse de gruau. C'était délicieux! jamais je n'ai trouvé aussi bon le meilleur repas fourni par l'otel et Chabot.

Il est vrai que je n'avais rien mis sous mes dents depuis plus de vingt-quatre heures.

CARNET

Londres.

J'ai vendu mon cache-nez, cela me permet d'aller coucher dans un *Lodging-House* à vingt centimes, deux pence.

Mes voisins ne font pas précisément partie de la fine fleur de l'aristocratie anglaise. Je remarque même avec satisfaction que je suis un des mieux mis. D'abord je suis le seul qui porte une chemise.

Nous sommes soixante à quatre-vingts entassés dans une pièce obscure, à l'air vicié, et où les paillasses à demi pourries semblent animées tant la vermine y pullule.

Mais il n'y a pas, heureusement, que de la vermine.

Au milieu de *smaslers* et de *burglars* (voleurs avec effraction), je remarque une petite *gonoff* (voleuse) de douze ans vraiment ravissante.

Je n'ai jamais rencontré une instruction plus complète que celle de cette petite *gonoff*.

Il me restait un anneau d'or, un dernier souvenir de mon enfance que la faim n'avait pu me faire vendre; quand je me suis réveillé, je ne l'ai plus vu à mon doigt, il est vrai que je n'ai plus aperçu non plus ma jolie camarade de chambrée.

Eh bien, là, vrai, la main sur la conscience, je ne regrette pas mon anneau d'or.

CARNET

Londres.

Il ne me reste plus rien; oh! mais là, rien! j'entre au Work-House.

J'ai ma permission, mon ordre dans ma poche. J'y entre, — *comme vagabond;* — on m'y classe ainsi.

J'ai donné mon nom, j'ai donné mon titre; le greffier qui a inscrit m'a regardé comme une bête curieuse.

Francesca à Flavia Mariani.

Londres.

Un événement imprévu, foudroyant, inouï, m'arrive.

Depuis ma séparation d'avec Robert, depuis qu'un tribunal français avait prononcé la nullité de mon mariage, j'avais complètement perdu de vue M. le comte d'Olonne; je n'avais pas même entendu prononcer son nom une seule fois.

Les voisins de ma modeste boutique me prenaient les uns pour une veuve, les autres pour une demoiselle qui n'a pas su rester sage, puisque j'ai un fils; mais personne ne connaissait ma situation exacte que je cachais soigneusement.

Comme je faisais assez bien mes affaires, que je passais pour une marchande habile, et que je n'admettais aucun homme dans mon intimité, j'avais trouvé, sans les chercher, plusieurs partis très convenables.

D'honnêtes négociants m'avaient offert leur nom, si je voulais me mettre à la tête de leur établissement; l'un d'eux même, plus épris de moi que je ne l'aurais souhaité, m'avait proposé de reconnaître mon fils comme étant le sien.

Je m'étais contentée de sourire, de remercier et de refuser; car, selon ma foi, ma conscience de chrétienne, je suis toujours, devant Dieu, la femme légitime du comte d'Olonne, et les hommes n'ont pas eu le pouvoir de délier ceux que l'Église avait liés. Je ne me crois donc pas libre.

Or, écoute ceci.

Il y a huit jours, le *Times* contenait l'article suivant :

« La compagnie française, qui donne en ce moment des représentations si courues par notre aristocratie, compte au nombre de ses étoiles une artiste de *primo cartello*, la comtesse d'Olonne, plus connue sous le nom de Césarine Flamant.

« Nous nous faisons un devoir d'avertir la célèbre comédienne, qui ignore assurément ce fait, que son mari, le comte Robert d'Olonne, plongé dans la plus épouvantable misère, est, à cette heure, réfugié dans un de nos Work-Houses.

« Nous sommes persuadés qu'il nous suffira d'avoir signalé cette grande infortune à la sympathique artiste pour qu'elle s'empresse de secourir une détresse méritée peut-être, mais qu'il est de son devoir de soulager.

« En recevant la couronne de comtesse, mademoiselle Césarine Flamant a dû apprendre ce beau dicton de son pays :

« *Noblesse oblige.* »

Robert au Work-House ! parmi le rebut de l'espèce humaine ! oh ! le malheureux !

En cinq minutes j'étais habillée, et je me faisais indiquer le Work-House dans les bureaux du *Times*.

Je me fis annoncer chez le directeur de l'établissement de refuge, et je me présentai à lui comme une compatriote et une ancienne amie de la famille d'Olonne.

Le directeur fit appeler Robert sur-le-champ.

Oh ! chère Flavia ! Dans quel état je l'ai retrouvé !

Non, aucune expression ne saurait rendre ce que j'éprouvai à la vue de cette misère vivante.

J'avais quitté Robert l'air fier, hardi, le regard plein de feu, la chevelure abondante, la tête haute, la démarche vive, assurée ; je le revoyais, quinze ans plus tard, l'air hébété, chancelant, la barbe inculte, les jambes tremblotantes, les traits flétris, les joues creuses, le teint cadavéreux, les paupières rougies et sans cils, l'œil morne, la lèvre inférieure tombante ; plus de dents, plus de cheveux ; une voix rauque et avinée ; plus rien du gentilhomme, tout de la brute ! c'est affreux à voir !

Et ce malheureux a quarante ans !

Voilà où l'a mené le libertinage !

Maintenant il est installé chez moi, dans une chambre confortable et dans un bon lit.

En ce moment, il dort.

A son réveil, il trouvera une table garnie d'aliments succulents ; puis des vêtements convenables.

Il a fallu brûler les siens ; on n'a vu que ce moyen, de les purifier.

J'ai profité de son sommeil pour tout raconter à mon fils ; je l'ai initié à ma vie passée.

Maintenant, il sait ce que je suis, quelle est sa naissance ; il sait aussi que ce malheureux est son père.

Ça été une révélation foudroyante pour le pauvre enfant à qui j'avais laissé tout ignorer ; mais il est en âge de comprendre.

A mon exemple, il oubliera tout le mal que son père nous a fait; il se rappellera seulement qu'il lui doit la vie.

Il s'apprête à l'aimer, à le soigner. Cher enfant !

———

Francesca à Flavia Mariani.

Londres

Voilà deux mois que je ne t'ai écrit, chère cousine, et depuis lors j'ai passé par de nouveaux chagrins et de nouvelles épreuves.

Robert, en arrivant chez moi, paraissait tellement affaibli, tellement épuisé, que j'ai cru devoir faire appeler mon médecin.

C'est un vieillard très honorable, fort expérimenté, et qui m'a montré beaucoup de sympathie pendant une longue maladie de mon fils.

Je savais pouvoir me confier à sa discrétion, et je lui ai raconté toute ma vie.

Le bon docteur a examiné Robert ; puis il est descendu chez moi me rendre compte de sa visite.

J'ai été fort surprise de son air soucieux, préoccupé, inquiet.

— M. d'Olonne serait-il dans une situation alarmante ? lui ai-je demandé vivement.

— Oui, m'a répondu le médecin, oui, très alarmante. Cependant ce n'est pas pour lui que je crains ; c'est pour vous, pour votre fils.

— Mon fils !... moi !... qu'est-ce que cela signifie ?

— Cela signifie, chère madame, que, comme ami, comme médecin, je vous ordonne expressément à vous, à votre fils, à toutes les personnes de votre maison de n'avoir avec M. le comte que les rapports absolument indispensables. Il faut le traiter comme autrefois on traitait les pestiférés et les lépreux.

Le docteur continua ainsi :

— Je veux qu'il soit servi seul dans sa chambre, dans des vases destinés à son usage seul; vous m'entendez? je veux que personne ne touche à un mets auquel il aura goûté, que personne n'approche ses lèvres du verre où il aura bu et que nul ne mange dans l'assiette où il aura mangé.

J'étais stupéfaite ; il poursuivit :

— Si par hasard vous pensiez qu'il a pu souiller, du contact de sa main ou de sa bouche, une serviette, un verre, quoi que ce soit, jetez la chose à l'égout ou au feu ; mais que personne n'ait le malheur de s'en servir.

— Mais, docteur, il a donc la lèpre, la peste ?

— S'il n'avait que la lèpre, je vous dirais simplement, soignons-le, peut-être le guérirons-nous ? s'il n'avait que la peste, le choléra, la gale ou le typhus, je vous dirais encore : soignons-le et tentons de le guérir. Mais la maladie qui le dévore, qui le ronge, me force de vous dire ceci : — Je le soignerai, parce que, comme médecin, c'est mon devoir; mais votre devoir à vous c'est d'isoler ce charnier vivant.

Je restais abasourdie, ne comprenant pas.

Il s'en aperçut, et il reprit :

— Il y a de ces maux dont il répugne à un honnête homme d'entretenir une honnête femme. Demain je vous apporterai un livre de médecine publié par un de vos compatriotes, un grand homme; quand vous aurez lu cet ouvrage du plus habile de nos spécialistes, vous comprendrez, sans que j'aie à vous donner des explications impossibles.

Ce livre, je sors de le lire. Il m'a épouvantée.

Je sais maintenant quel poison circule dans les veines de Robert.

Je sais que ce virus effroyable, avant de faire explosion au dehors, s'est infiltré lentement, goutte à goutte, dans les veines, dans les artères, dans les tissus, les désorganisant, les corrompant, pénétrant dans toute l'économie du corps depuis le cheveu qu'il fait tomber du crâne jusqu'à l'os dont il ronge la moelle, étendant son infection dans l'organisme sans y plus rien laisser de sain, creusant des ulcères ici, élevant des exostoses là, dévorant le voile du palais, gangrenant la gorge, couvrant le corps de chancres et d'indurations, n'éclatant au grand jour que quand il s'est assuré que rien ne pourrait éteindre l'incendie, que rien ne pourrait lui arracher sa proie, et ne faisant irruption qu'alors que la médecine, épouvantée de ces ravages souterrains, est forcée de se déclarer impuissante à les vaincre.

J'ai frissonné d'horreur et d'épouvante à la lecture de cet ouvrage, et je me suis demandé comment l'homme, comment la femme ne reculent pas devant la débauche qui entraîne fatalement vers de si épouvantables catastrophes.

Je comprends maintenant pourquoi cette voix rauque, pourquoi ce *facies* de cadavre; d'où vient ce tremblement des membres, cet abaissement de l'intelligence, cette débilité précoce du corps, ces atroces douleurs qui font se tordre ce misérable dans d'horribles convulsions.

Le mercure a achevé l'œuvre de destruction commencée par la syphilis, dernière étape du libertinage.

En terminant aujourd'hui sa visite, le docteur m'a dit:

— Il est perdu. C'est désormais une question de jours, et même d'heures. Ne me faites appeler que si les souffrances sont trop vives; je puis encore calmer, je ne saurais plus sauver.

Eh bien, chère cousine, le croirais-tu, ce Robert, ce grand coupable, ce malheureux à demi aveugle, à demi paralysé par un ramollissement de la moelle épinière, ce misérable dont l'haleine est fétide, le visage ulcéré, le corps gangrené, l'aspect repoussant; cet insensé qui ne devrait aspirer qu'au repos et au repentir avant sa fin prochaine, cette pourriture animée n'a qu'une pensée : — les femmes!

Les femmes! oui.

L'indigne poursuit de ses propos obscènes mes demoiselles de magasin et mes bonnes, et quand ses souffrances lui permettent de se traîner jusqu'à la rue, il emploie l'argent que je lui donne à s'enivrer avec des filles de la pire espèce.

Les policemen me l'ont rapporté plusieurs fois ivre mort et dépouillé de tout, ils l'avaient ramassé au coin d'une borne. Hélas! hélas!

Indignée, désolée de ces scandales, j'ai cru les faire cesser en lui refusant tout argent; alors il a vendu à vil prix les habits que je lui avais achetés; il a fait plus mal encore, il m'a volée, il a forcé mes tiroirs, il a pris mes marchandises.

J'avais donné à mon fils une montre d'or pour sa première communion, et le cher enfant avait voulu en faire cadeau à ce père indigne, bien que ce fût une grande joie pour lui de la porter; eh bien, ce père sans honneur et sans cœur, a vendu cette montre pour boire avec des prostituées dans d'ignobles cabarets.

Francesca à Flavia Mariani.

Londres.

Tout est fini! Robert est mort hier au soir.

Sa fin a été digne de sa vie.

Le fait inouï que je vais te raconter te peindra l'homme mieux qui ne pourrait le faire tout un volume.

Il l'excusera un peu aussi; car lorsque la passion bestiale arrive à ce paroxysme, elle touche de bien près à la folie, et je ne sais jusqu'à quel point alors l'individu a conscience de ses actions.

Voici le fait :

Depuis quelques jours ce malheureux ne pouvait plus quitter son lit.

La paralysie avait envahi presque tout son corps; les jambes étaient inertes, les yeux éteints, les bras seuls pouvaient encore se mouvoir.

J'avais changé de bonne la veille, et une domestique nouvelle était entrée le matin même à mon service, j'en avais parlé devant Robert.

Comme il paraissait horriblement souffrir, que sa respiration était haletante, oppressée, je m'approchai de son lit, une tasse à la main, afin de lui faire prendre une potion calmante.

Tout à coup je sens une main froisser ma robe et un ignoble attouchement. Je me recule indignée.

— Ah! lui dis-je avec dégoût!

— Pardon, murmura-t-il d'une voix éteinte, pardon; j'ai cru que c'était votre nouvelle bonne.

Cinq minutes après, il était mort.

Quand nous l'avons transporté de son lit pour l'ensevelir, nous avons trouvé sous son oreiller un petit livre écrit tantôt à l'encre tantôt au crayon, mais complètement de la main de Robert.

Ce memento de poche porte pour titre :

LE CARNET D'UN LIBERTIN

J'ai passé ma nuit à le lire.

Ma vie tout entière, mes souffrances, ma honte, mes larmes, tout s'est déroulé de nouveau sous mes yeux et dans ma mémoire pendant cette lecture.

L'âme de Robert s'est, en quelque sorte, incarnée dans ce triste écrit.

Et j'ai pu aimer un pareil monstre!

Que Dieu épargne aux femmes l'amour d'un libertin!

Et ce sont généralement ceux-là qu'elle préfèrent.

Pourquoi?

Cela ne peut pas se dire.

FIN

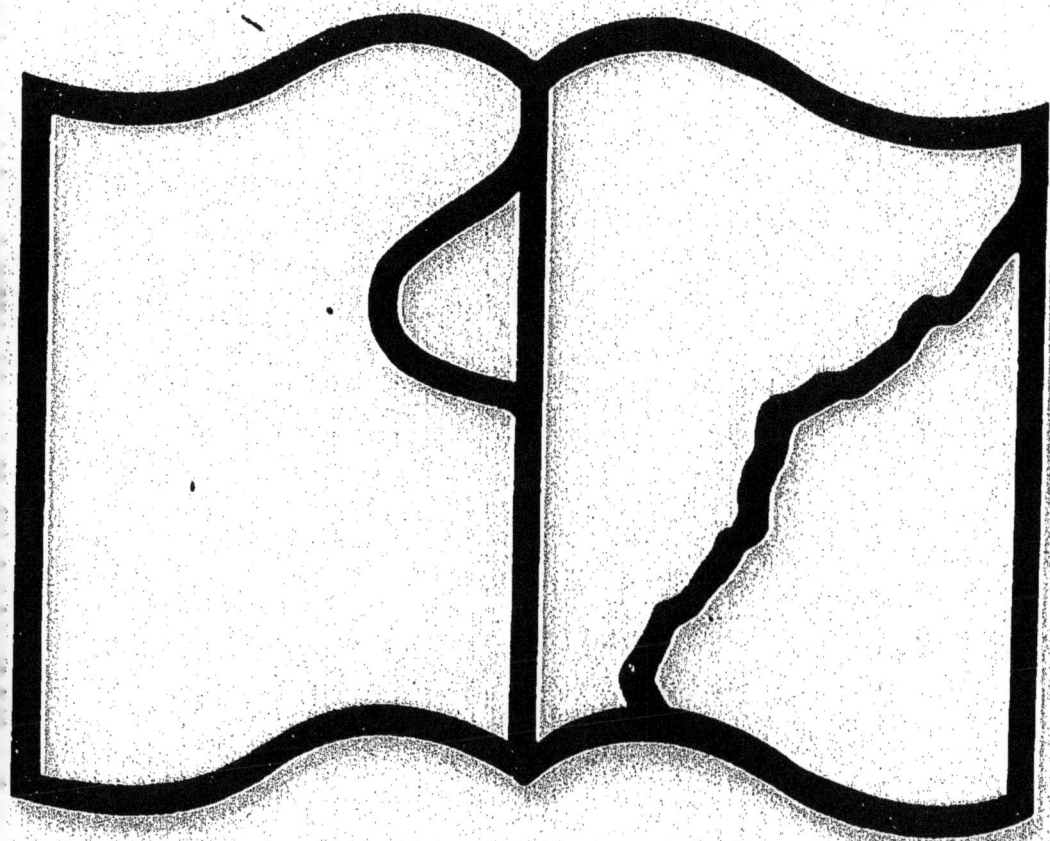

Texte détérioré — reliure défectueuse
NF Z 43-120-11